絵と文でつづる全国旅案内　日本歴史散策

まえがき

2002年12月、技術も知識もないまま原稿用紙に鉛筆で文章やイラストを描き、パソコンを使って配信を始めた。そのころはデジタル通信と言っていた。

配信は毎月1回、1日と決め、主に東海地方（後に日本各地に拡大）を旅し、見たり聞いたりしたことをメールマガジンとして発表することであった。

旅先での出会いや、その地に伝わる歴史、民話の世界にふれるのはなんと心地よいことか。

交通の便もままならないところが多かった。ローカル列車の中では見たことのない風景に驚き、感動し、地元の人々の開けっぴろげな会話に思わず聞き耳を立てたりしていて乗り過ごし、急きょ旅の目的地を変更したことも一度や二度ではなかった。一期一会の連続で、誘われるままにお宅にお邪魔し、ついつい長居してしまったこともあった。

そういえば、わたしは峠が好きだ。「峠は文化の交差点」といわれるように、山のこちら側とあちら側では、文化も生活習慣も異なる。見るもの、感じるもの、出会うもの、そのすべてがわたしには新鮮である。

同じように見える風景でも、その土地にはその土地固有の遺産がある。祭りや行事ひとつをとってもその場に居合わせるとぐいぐい吸い込まれていく。あちこちと日本各地を訪ねるうちに興味の幅が広がり、その時その場の思いを絵に描き、文を綴ってきた。

振り返れば、この17年その繰り返しであった。よくもこんなに長く続けてこられたものだ。社会状況が刻々と変わってゆくなか、地名はもちろん、消滅しつつある地域があると聞くと、どうしても記録しておかなければ、いつかは消えてしまうのではないか、という思いが強くなってくる。こうした力に後押しされ、わたしの旅はまだまだ続く――。

川田きし江

絵と文でつづる全国旅案内 日本歴史散策

日本歴史散策 東海編

日本歴史散策
東日本編

五戸川の奥地に住み着いたキリスト
青森県三戸郡新郷村
76
善知鳥神社と青函連絡船
青森県青森市安方
78
大國魂神社のパワースポット
東京都府中市宮前
80
手つかずの自然が息づく絶海の孤島
東京都島嶼部青ヶ島
82
玉石垣の残る古えの村
東京都八丈町
84

日本歴史散策 西日本編

まほろばの峠みち

日本歴史散策

東海編

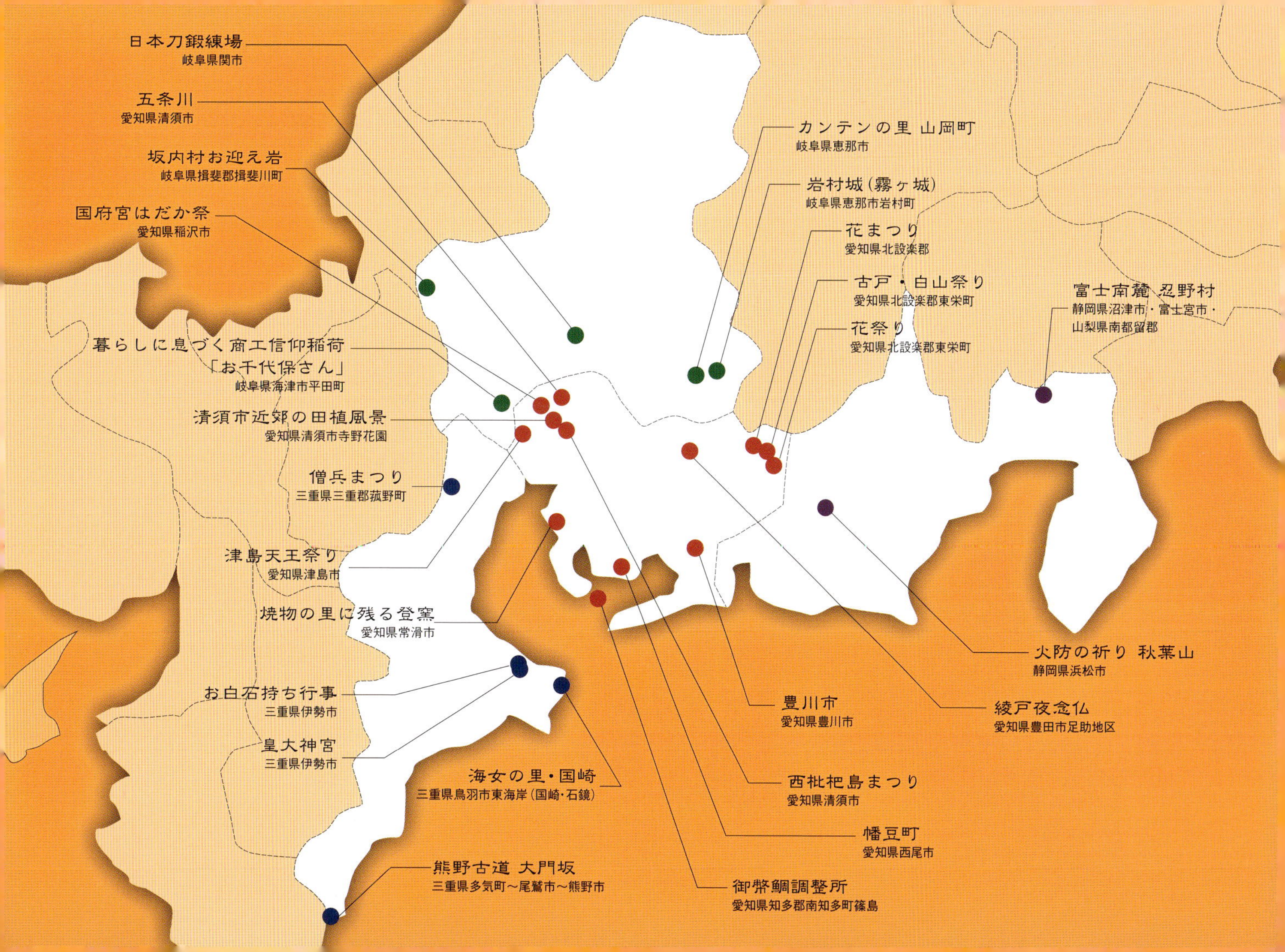

日本刀鍛練場
岐阜県関市
五条川
愛知県清須市
坂内村お迎え岩
岐阜県揖斐郡揖斐川町
国府宮はだか祭
愛知県稲沢市
暮らしに息づく商工信仰稲荷
「お千代保さん」
岐阜県海津市平田町
清須市近郊の田植風景
愛知県清須市寺野花園
僧兵まつり
三重県三重郡菰野町
津島天王祭り
愛知県津島市
焼物の里に残る登窯
愛知県常滑市
お白石持ち行事
三重県伊勢市
皇大神宮
三重県伊勢市
海女の里・国崎
三重県鳥羽市東海岸（国崎・石鏡）
熊野古道 大門坂
三重県多気町～尾鷲市～熊野市
カンテンの里 山岡町
岐阜県恵那市
岩村城（霧ヶ城）
岐阜県恵那市岩村町
花まつり
愛知県北設楽郡
古戸・白山祭り
愛知県北設楽郡東栄町
花祭り
愛知県北設楽郡東栄町
富士南麓 忍野村
静岡県沼津市・富士宮市・
山梨県南都留郡
火防の祈り 秋葉山
静岡県浜松市
豊川市
愛知県豊川市
綾戸夜念仏
愛知県豊田市足助地区
西枇杷島まつり
愛知県清須市
幡豆町
愛知県西尾市
御幣鯛調整所
愛知県知多郡南知多町篠島

豊年を祝って舞う「花祭」を奥三河に求めて

愛知県北設楽郡

天を衝くような杉の梢に、ぽつんと星が光っている。

空はしだいに夜明けの高まりを見せ、やがて真っ赤な朝焼けとなって森の上に輝きわたる。

北設楽《きたしたら》の夜明けは、森が深く空が近いだけに荘厳である。深い闇の帳から、木や草や獣たちを解き放つ。

明るくなるには、それだけの意味と力がある。「見えないものが見えてくる」、このあたり前のことが実は大変で、その場にいると、とてつもない自然の力を感じずにはおれない。ここには、自然界が織りなす不思議なパワーが昔のまま残っている。

どこまでも続く暗い杉の林道を谷に沿い、森をめぐっては辿る。北設楽の玄関口・田口は、かつて伊那街道の宿場町として発展したところだ。とはいえ一歩奥へ分け入ると、愛知の屋根といわれる標高九〇〇メートル級の山々が林立し、そこでの暮らし向きの厳しさは容易に想像がつく。

町内の集落と集落をつなぐのはほとんどが坂道で、わずかな平地には高い石垣が積まれ、どこも棚田や段々畑として利用されている。

鹿島、明神、矢筈、岩古谷《いわこや》山は、いずれも北設楽を代表する山。岩古谷山は遠目にはなだらかに見えるが、近づくと不気味な山容を呈する。苔《こけ》や岩桧葉《ひば》に包まれた奇岩、怪岩からなるこの山の頂きには、豪族の菅沼《すがぬま》氏が築いた城がある。

北設楽は、主に正月に行われる「花祭《はなまつり》」が有名である。七百年以上も前に熊野、大峯《おおみね》、金剛などの修験者、山伏などの行者たちが天竜川をさかのぼり深山幽谷に入ったのが事の起こり。信仰は、芸能を通して発展し、悪霊を取り除く行事となり、豊年を祝う舞として花開いた。

小高い丘、狭い段丘、レンゲの芽ぐむ田んぼのほとり、いたるところに梅が白い花を咲かせ、かすかな風に乗って漂うのは、昔変わらぬのどかな香りであった。

【北設楽郡】新城市とともに新城設楽広域行政圏に所属し、略称「北設（ほくせつ）」。設楽町、東栄町、豊根村からなる。

【花祭】北設楽郡に伝承される霜月神楽の総称で、国の重要無形民俗文化財に指定されている。清めと湯立て、少年の舞、青年の舞、巨大な鬼面を付けた鬼の舞などが夜通し行われる。

【交通】JR 飯田線「東栄駅」、新東名高速道路「新城 IC」、国道 151、257、473 号を利用、3 町村共同運行のバス路線「おでかけ北設」（問い合わせ：電話 0536-62-0514）

花まつり
（愛知県北設楽）

山里に響く「テーホへ、テホへ」の囃し

「テーホへ、テホへ」の囃しとともに繰り広げられる花祭《はなまつり》。七百年の歴史を持ち、夜を徹する祭りである。

鎌倉時代末から室町時代にかけ、熊野の山伏や加賀白山の聖によってこの地に伝えられたものだが、同時に地域の人々の素朴な信仰心に守られたことで、長く伝承されてきた。

地域の人々にとって花祭は、八百万の神をうやまい、五穀豊穣や厄難除け、祈願成就を願う神事、年中行事であった。

毎年十一月の上旬から翌年三月上旬、町内十一カ所で、約四十種類の舞いが継承されてきたのである。

町内によって多少の違いはあるが、怨霊を払い除き、神と人の和合を図る精神は変わらない。

なかでも古戸《ふっと》の花祭は、舞庭《まいど》や神座などに三百年以上の歴史をみることができ、宮人の装束には元禄九年（一六九六）の記録がある。

「舞の古戸」「鬼の襷」といわれる独特の結び方は有名である。衣装箱や榊鬼、山見鬼、茂吉鬼の面を入れる箱には一六〇〇年と記されたものもある。

神を迎える神事は禊から始まり、上空から降りる諸霊、地上の諸霊のために悪霊の侵入を防ぐ神事、神々への供物、迎え入れる神事、釜に湯立てをし、諸神に祈禱する神事、舞を奉じて神に願いを託す神事、神を送る神事――と、高ぶる神仏の心を鎮める神事が順を追って進められる。

昭和五十一年（一九七六）、国の重要無形文化財に指定されたその年に、現地を訪れ、「榊鬼」を見たのが初めてのことであった。

湯立て神事で所狭しと舞う鬼の姿が深く印象に残っている。それが縁となり、花祭には度々と足を運ぶようになった。

「テーホへ、テホへ」のリズムは後々まで、いつまでも耳の奥底で響いていた。

【東栄町】北設楽郡に属し、東三河地方山間部に位置する。町内一帯に「花祭」という霜月神楽の伝統芸能が受け継がれている。

【花祭会館】国指定の重要無形民俗文化財である「花祭」を保存伝承する展示施設。面、衣裳、祭具、古文書や映像資料を用いてわかりやすく解説。マルチスライドや人形を駆使しての疑似体験は、臨場感にあふれ、祭り本番さながらの雰囲気がある。（問い合わせ：愛知県北設楽郡東栄町本郷大森１ 電話0536-76-1266）

【交通】JR 飯田線「東栄駅」、三遠南信自動車道「東栄 IC」、国道 151、473 号

花祭り
（北設楽郡古戸地区）

花祭の原点「白山祭り」

愛知県の北東部、信濃国、遠江《とおとうみ》国に隣接し、杉や檜が深く茂る山里を「奥三河」と呼ぶようになったのはいつからだろう。この呼称が広く使われるようになるのは、昭和も半ばになってから。標高一、〇〇〇メートル級の山々に囲まれ、地域の九割を山林が占める。平地に乏しく、人々は狭い耕地を拓いて養蚕やお茶の栽培などを行ってきた。

ここ東栄町古戸《ふっと》地区の、季節は冬。山里の人々が「テーホヘ、テホヘ」と歌い神を迎えて舞う「花祭」は全国的に有名だが、ほかにも白山祭り、御神楽、鹿討ち、種取りといった行事が伝わり、古くは田楽も行われていた。

勾配の強いけもの道を、息を切らせて上がる。舞庭《まいど》の上部を飾るために紙を切り抜いた「ザゼチ」が、風に千《ち》切れそうにはためいていた。

古戸の「花祭」は正月二日に行われるが、以前は十二月九日に白山祭り、十日に花祭、十一日に神楽と三つの行事が一連のものであった。しかし今では独立した行事になっている。

白山祭りは、集落の西北、権現山に鎮座する白山神社の例祭である。神社脇の小さな祠での天狗祭りに始まり、続いて「お珠の舞」が舞われる。御神体は「お珠様」と呼ばれ、神殿から三方にのせられて、階段を一段一段、うやうやしく運び下され、舞庭で舞っている舞い手に渡される。お珠様は厚い布に包まれたままで、それがどのような物なのか、誰も見たことがない。

やがて囃子の笛の音はテンポを上げ、それに合わせて舞の動きも速くなり、さらに激しく舞い狂う。

祭の場で人々は神や精霊の息吹に触れ、ふだんは忘れていた畏敬と、歓びの感覚を見えないものと交信する。こうして徐々に、時空は濃密なものとなっていく。神霊の降臨を、三方にのせられた「お珠様」として出現させ、祈りや願い事を神に聞き届けてもらおうという太古から変わらぬ信仰の原点がそこに見える。

祭祀は、踏み込んではならない神の宿る領域に、日々の暮らしを営む人々が入り込み、神と共有できるつかの間の機会でもあるのだ。

【奥三河】旧三河国北東部の山間部の総称。かつて加茂郡や設楽郡と呼ばれた地域で、「奥三河」の呼称は1900 年以降使われるようになり、豊田市の前身である挙母（ころも）を指していたといわれる。
【白山祭り】古戸の山奥にある白山権現（白山神社）の例祭で、12 月の第 2 土曜日に行われる。舞の奉納、舞庭での神寄せ、式三番、お珠の舞など花祭に関係深く、「花祭」の起源ともいわれる。
【交通】JR 飯田線「東栄町駅」、三遠南信自動車道「鳳来峡 IC」、国道 15 号

古戸、白山祭り
(奥三河、愛知県)

愛知県豊田市足助地区

里人の信仰が生きる念仏の里

渓谷を吹き上げてきた風が、若葉の茂みから尾根に抜け、笹笛になって響いていた。森の奥から松蝉の声が波のようにわき出し、ススキの穂は早くも銀色にゆれている。

そんな足助《あすけ》の山の馬酔木《あせび》の花陰に、石仏がひっそりと息づいていた。旧道の草に埋もれ、すっかり風化した仏さまだ。

飯田街道は、伊勢や善光寺へ続く信仰の道。また東に向けては、鳳来寺や秋葉山にも通じる道である。

その足助の中心から八キロほど、さらに山奥の綾渡《あやど》は念仏の里である。聖徳太子の創建といわれる平勝寺《へいしょうじ》は、かつては七堂伽藍を持つ天台密教の大寺院として栄えた。周辺の大門、経ヶ嶺、塔婆ヶ峰といった古い地名がそれを物語っている。平勝寺の名は、南北朝の初め、後醍醐天皇の皇子・平勝法親王がここで戦勝祈願をしてからという。本堂の聖観音の胎内には「平治元年正卯十月廿三日」の銘がある。両脇の持国天、多聞天と共に平安末の作である。

そしてこのあたりには、平勝寺の観音信仰につちかわれた「夜《よ》念仏」という習慣がある。昔から続く純朴な行事で、道中や仏前で小さな鉦《かね》を叩いて和讃や念仏を唱和するもの。拍子は下駄の音でとるだけで、ほかに鳴り物や派手な踊りは一切入らない。里の人たちは旧暦七月一日、「地獄の口開け」の夜から寺の境内に集まり、初盆の家を訪ねながら十五日を待つ。

保存会の会員が、着物にすげ笠姿で鉦を鳴らし、「道音頭」を唱えながら集まってくる。燈籠に灯のともった境内を目指し「辻回向」「門開き」「観音手向」「手和讃」などを捧げて行列を進めていた。

月明かりの輝く境内に身をおき、鉦に合わせ一体となって動く里人の静かな念仏踊りや下駄の響きに包まれていると、幽明界に迷い込んだような妖しい気分になる。

足助の山里には、人の心をとらえて離さないような郷愁の暮らしが、今もまだ息づいている。

【足助町】かつて愛知県東加茂郡に属していた町。香嵐渓の紅葉で知られ、古くは三州街道（塩の道）の足助宿として栄えた。平成 17 年（2005）4 月 1 日、豊田市に編入された。
【綾渡の夜念仏と盆踊】山里に伝わるお盆の行事で、現在は平勝寺境内で例年 8 月 10 日と 15 日に行われる。平成 9 年に国指定の重要無形民俗文化財となった。（問い合わせ：豊田市足助観光協会／愛知県豊田市足助町宮平 34-1　電話 0565-62-1272）
【交通】名鉄三河線「豊田市駅」、東名高速道路「名古屋 IC」、東海環状自動車道「豊田勘八 IC」、猿投グリーンロード「猿投 IC」、国道 153 号、420 号

綾渡夜念仏
(愛知県)

厄除の神、国府宮の「はだか祭」

伊吹《いぶき》おろしの吹きすさぶ濃尾平野。国府宮《こうのみや》神社の異称で知られる尾張国の総社・尾張大國霊《おおくにたま》神社がある。由緒によると大己貴命《おおなむちのみこと》がこの地に降り、尾張中島直《あたい》の祖・天背男命《あめのせおのみこと》と契って尾張国を平定したが、その天背男命の裔《あとつぎ》によって創建されたという。

この大國霊神社の神事に、全国的にも名高い「国府宮のはだか祭」がある。神護景雲元年（七六七）、尾張国司が称徳天皇の勅命を受けて悪疫退散を祈ったことに始まると伝えられ、正式には「儺追神事《なおいしんじ》」という。ひとりの儺負人《なおいにん》（神男《しんおとこ》）に触れて厄疫を払おうと、裸の男たち数万人がもみ合う壮烈な神事である。昔は街道を通る旅人を捕らえて儺負人とし、儺追殿に入れて潔斎《けっさい》させ、祭りの日に一切の村人の罪科を負って帰ってもらうという、今から考えれば恐ろしい習慣であった。

この天下の奇祭は旧暦の一月十三日から始まるが、その前後の神事も重要で、それらを合わせて「儺負祭」という。今では祭りの主役の神男と儺負人は、応募者の中からくじ引きで選ばれ、十日から三日三晩、潔斎して神社にこもり、祭りの本番に備える。

祭り当日は、朝から晒しの白褌に白足袋という二十五歳と四十二歳の厄年を中心とした男が〝なおい笹〟を手に集まってくる。午後四時ごろ、境内の一隅に素っ裸の神男が護衛の一団に守られて現れる。神男に触れて厄を落とそうとひしめき合い、その群れをめがけて水がかけられる。たちまち湯気になって立ちのぼる。そんな中を神男の一団が儺負殿に辿り着くまでの三十分間が祭りのクライマックスである。

さらに「夜儺負」は、翌朝の朝三時ごろから始まる。この世の厄をつき込めた直径五十センチの土餅《もち》（儺負餅）を背負い、参詣者から紙飛礫《つぶて》を投げつけられて境内から逃げる。逃げる途中で餅を捨て、後ろも見ずに家に逃げ帰る。餅はその場で神職が地中に埋め、厄災を封じ込めて祭りは終わるのである。

小雪が舞う寒い日のことが多いが、人々は、はだか祭が終わると、春が近いことを感じるのだ。

【稲沢市】愛知県の北西部、濃尾平野中央部に位置する都市。古代では、尾張国の国府が置かれる政治の中心都市であった。植木、苗木の産地として全国的に知られ、旧祖父江町は全国一の銀杏の産地である。
【尾張大國霊神社】愛知県稲沢市国府宮にある神社。奈良時代、国衙（こくが）に隣接して鎮座していたことから尾張国の総社と定められ、国司自らが祭祀を執り行っていた。（問い合わせ：愛知県稲沢市国府宮1-1-1　電話 0587-23-2121）
【交通】JR 東海道本線「稲沢駅」、名鉄名古屋本線「国府宮駅」、名神高速道路「一宮 IC」、国道 155 号

国府宮はだか祭
稲沢市(愛知県)

古式豊かな尾張津島の天王祭

津島は、江戸時代になると海上交通の港町、門前町として栄えた。宮の宿から桑名までの海上航路「七里の渡し」は危険をともなうため、これを補助する脇街道として、また舟に弱い女性たち向けの姫街道として佐屋《さや》街道が開かれ、さらに埋田《うめだ》の追分で別れて津島へ入る参道ができたためである。

古社・津島神社は、欽明天皇元年（五四〇）の創建と伝えられる。「津島の天王さま」の名で親しまれ、古くから朝廷、武将の崇敬を集めた。例大祭の天王祭は、毎年七月第四土、日曜日に行われ、宵祭は旧津島五カ村の五艘、朝祭は旧市江村の市江車が加わり計六艘の車楽船で行われる。

宵祭は、二艘を結びつけた双頭船（巻藁舟）が、その上に巻き藁を置き、半円形の竹竿に白張提灯三百六十五個と、その中心の「如意」と呼ばれる長い竿に十二個の提灯を掲げ、船端の高欄には前後五個ずつの絹燈籠をつけ、津島笛を奏でながら天王川を漕いで巡る。

朝祭は、津島五艘の車楽船に屋根をしつらえ、高砂、清経、杜若、望月、鵜飼の能人形を飾る十人の青年が布袋を持って水中に飛び込み、御旅所に泳ぎつき、拝殿に奉納する。この水滴を患部につけると治ると言い伝えられている。古式豊かな祭礼で、大阪天満宮の「天神祭」、厳島神社の「管弦祭」と並んで日本の三大川夏祭りと呼ばれている。

この祭りの起源は、素戔嗚尊《すさのおのみこと》が西海よりこの地にいたったとき、子どもが籠の上に竿を立てて旗を結び、笛を吹いて遊んでいるのを見て喜ばれたからとも、人々が災熱に苦しむのを神があわれみ、納涼の船遊びをして慰めたからともいわれている。

津島は古くから農村風景の豊なところで、『海道記』には、桑畑の中に家があると記録されている。いまも街道筋の町並みにひときわ大きな町屋があって、当時の面影を残している。

【津島市】愛知県西部にある市で、古来から木曽三川を渡って尾張と伊勢を結ぶ要衝「津島湊」として発展。明治以降は紡績業の町として繁栄したが、近年は名古屋市のベッドタウンとして成長を遂げている。
【津島神社】全国に約 3000 社ある津島神社、天王社の総本社。牛頭天王を祭神とする。600 有余年の歴史を持つ荘厳、華麗な川祭りが有名で、7 月第 4 土曜日の「宵祭」とその翌日に行われる「朝祭」は国の重要無形民俗文化財に指定され、平成 28 年（2016）にはユネスコの無形文化遺産に登録された。
【交通】名鉄津島線、尾西線「津島駅」、東名阪自動車「弥富 IC」、国道 155 号

津島天王祭り
(愛知県)

日本窯業の伝統を持つ焼き物の里

常滑《とこなめ》は愛知県の西部、知多半島の中央部に位置し、西側は伊勢湾に面している。古くから開けたところで『和名抄』には、知多郡「贄代郷《にえしろのさと》の地」と記されており、永正四年（一五〇七）の連歌師宗長の自伝『宇津山記』には〝伊勢国多気より大湊に出て、尾張国知多郡常滑という津に渡る〟とある。

聖武天皇のとき、僧行基が中国の陶法を伝えたところから常滑焼の歴史は始まる。良質の粘土を原料に、真焼《まやけ》は天正年間（一五七三〜九二）に、朱泥《しゅでい》（茶器）は文久年間（一八六一〜四）、陶管《とうかん》は弘化四年（一八四七）に作られるようになった。

常は「床」、滑は「清らか」という意味で、地盤の粘土層が露出しているところが多く、地質も滑らかであった。

常滑、瀬戸、越前、信楽《しがらき》、丹波、備前を日本の六大古窯というが、なかでも常滑焼が一番古い。

常滑の朱泥は、茶器に限らず、多種類の陶製品にわたっている。焼き物に適する土が豊富に採れ、その土には鉄分が多く含まれていて弁柄《べんがら》を加えると赤茶色の朱泥焼きが生まれる。また周辺には燃料にする雑木林が多く、海に面して輸送のための海運にも恵まれていた。こうした条件がそろって、窯業は常滑の伝統産業となり得たのである。しかし、明治末期に六十基あった登窯は、昭和四十九年にはすべてが操業停止になった。

現在はやきもの散歩道にある一基が国の重要有形民俗文化財に指定されている。陶榮窯がそれで、約二十度の傾斜地に造られており、全長二十二メートル、最大幅九・六メートル、最大天井高三・一メートルもあり、現存する登窯としては国内最大級を誇る。しかも生産効率を考え、八つの焼成室を連ねる連房式登窯で、平成十九年には近代化産業遺産に認定されている。

また、やきもの散歩道のちょうど中程にある土管坂は、坂の切通しの両側に土管や焼酎瓶を埋め込んだ小道で、そこから眺める四角いレンガ造りの十本の煙突は、まるで往時の隆盛を象徴しているかのようである。

【常滑市】窯業で栄えた古くからの町並みが「やきもの散歩道」として整備された。平成 17 年（2005）には伊勢湾常滑沖の海上埋立地に中部国際空港（セントレア）が開港し、交通アクセスの利便性が向上した。
【やきもの散歩道】中心市街地の小高い丘にある人気の観光スポット。レンガ造りの煙突や窯、黒塀の工場、陶器の廃材を利用した坂道など。（問い合わせ：陶磁器会館／愛知県常滑市栄町 3-8　電話 0569-35-2033）
【交通】中部国際空港（セントレア）、名鉄常滑線「常滑駅」、名鉄空港線「りんくう常滑駅」、セントレアライン「常滑 IC」「りんくう IC」、国道 155、247 号

焼物の里に残る
登窯
（常滑、愛知県）

愛知県豊川市

春きざす狐火の里

夜明けの境内を淡く煙らせて流れる霧の奥から、太鼓の音が「どろどろどろ」と響いてきた。

　時折、薄れる霧の中に淡桃色の花が幻のように浮かび、しかしすぐ、流れる縞模様に包まれて消えてしまう。ようやく朝の光が強くなり、中空にそり返った大伽藍の屋根にまた不意に浮かんだかと思うと、トンビの舞う青空が広がった。

　そこは、ようやく春の気配の漂い出した妙厳寺――、人影のない境内の空気をふるわせる勤行の太鼓の響きは、地の奥にきざした季節を呼び起こす。

　室町中期の嘉吉元年（一四四一）、豊川の流れを眼下にする円福ヶ丘に草庵として創建された妙厳寺は、今川義元の保護を受け、また家康の戦勝祈願所ともなって発展してきた。

　そんなか、寺の山門鎮護のために祀られていた狐の化身・荼枳尼《だきに》天への信仰が高まり、徳川初期の稲荷信仰の流行にも乗って一躍その名を馳せることとなった。

　荼枳尼天は、元は仏に仕えるインドの神様。仏教伝来とともに日本に来て、それが五穀豊穣、家内安全、商売繁盛へと発展し、本家妙厳寺に勝る信仰を呼ぶようになったのだ。

　昔から、貴族、武将の建立した寺は、その一門が滅びると復興が困難になる。気位が高く、庶民を寄せつけない雰囲気があるからだ。

　ところが豊川稲荷の信仰は庶民の盛り立てたもの。衰えかけることがあっても、また新しい信者が集まってきて復興する。小さな寄進が重なって、また新しい信仰を生んだ。

　その昔、このあたりは、少し長雨になると豊川が氾濫して一望千里の湖となり、村が湖中に孤立した。そのため、豊川流域には霞堤と呼ぶ二重堤防が造られている。

　堤防と堤防の間はふだん田畑にされており、三寒四温の時期には、青い狐火の行列が見られたという。里人は「お稲荷様の一族が旅立っていかれる」と噂をし合った。

【豊川市】豊川稲荷の門前町から発展した町で、東三河の道路交通の要衝。旧東海道の風情を残す御油の松並木は、つとに有名で現存する。街道沿いには歴史的建造物も多く、陸上自衛隊の豊川駐屯地もある。
【豊川稲荷】日本三大稲荷のひとつ。正式には妙厳寺と称する寺院だが、東海義易が境内に祀った「豊川荼枳尼真天」の稲穂を担いだ姿から、「豊川稲荷」の名で呼ばれ、親しまれている。
【交通】JR 飯田線「豊川駅」、名鉄豊川線「豊川稲荷駅」「稲荷口駅」、国道 151 号

豊川市
（愛知県）

愛知県西尾市

遠浅の海岸線を埋めるノリソダ

霊峰御嶽をピークとした木曽山系が、なだらかな山並みを連ねながら三河湾に落ち込む。その一角を占める幡豆《はず》、宮崎、吉良《きら》の海岸線は、小規模ながらも岬あり、入り江あり、島ありで、非常に変化に富んだ地形となっている。しかも背後に山、前面に海をひかえ、気候は穏やかで暖かい。

西幡豆から海岸線を東に向かうにしたがい気だるくなるほど暖かで、すぐそこまで迫る段丘の斜面にミカン畑が続いている。

佐久島、梶島、さるが島、うさぎ島——。ひとにぎりの小さい島を浮かべる海は、平穏に静まり返り、澄んだ心を見る思いがする。

東幡豆から見る三河湾の展望は、底抜けに明るく広がっていく。島影と観光船そして漁船の航路が、箱庭のように美しい。

ここから見る夕暮れは、水平線上に激しく燃えていた。いったんは空のベールに吸い込まれ、そして再び降りそそぐと、野も、山も、海も、名もない雑草の細い道筋までもが真っ赤に染まる。

吉良庄（旧吉良町）は、三ヶ根山《さんがねさん》の西側の日だまりに開けてくる里である。古くから塩づくりが有名であったが、この地は吉良義央《よしなお》を抜きにしては語ることができない。

吉良義央は忠臣蔵の悪役、赤穂城主浅野長矩《ながのり》を切腹させ、その浪士によって討たれるのだが、先祖は鎌倉時代からこの地の豪族であった。徳川時代には四千二百石で封ぜられ、領主となった。忠臣蔵の悪名とは逆で、地元の評判はすばらしい。

吉良の里が、豊かな土地として今も生き続けているのは、義央の善政に負うところが大きい。三百年ほど前まで、梅雨の時期になると、黄山の深い谷から水があふれて洪水となり田畑が押し流されていた。義央は巨大な堤防を造り、新田を開発し、漁業や製塩の発展に手を伸ばし豊かな里につくり上げた。

足を洗う波の感触を楽しみながらの潮干狩りは、オゾンの香りが胸に充満し、心地よい疲れが全身を包んでくれる。

【幡豆町、吉良町】愛知県幡豆郡にあった町で、平成 23 年（2011）4 月 1 日に両町ともに西尾市に編入合併された。西尾市の南東部に位置する。吉良町の製塩は昭和 46 年（1971）まで続けられたが、大正期には約 140 ヘクタールの塩田があった。

【吉良義央】江戸時代前期の高家旗本。元禄 14 年（1701）12 月 15 日未明、赤穂浪士四十七士が吉良邸に討ち入り、斬死する。享年 62。一般的には通称の吉良上野介（こうずけのすけ）と呼ばれる場合が多い。

【交通】名鉄蒲郡線「西幡豆駅」、名鉄西尾線、蒲郡線「吉良吉田駅」、国道 247 号

幡豆町
(愛知県)

愛知県知多郡南知多町篠島

おんべ鯛の千日千標

「おんべ（御幣《おんべ》）鯛」とは、伊勢神宮の三大祭に供える神饌《しんせん》のひとつで、鯛の塩漬を海水で洗って日に干したものである。篠島から年に三回（六、十、十二月）、対岸の神宮内宮に奉納される。

この「おんべ鯛奉納祭」は、中世以来の伝統を持ち、篠島の文化、暮らしに大きな影響を与えてきた。おんべ鯛は「干鯛《ひだい》」とも呼ばれ、島の記録によると、「御幣《ごへい》」が訛ったものといわれているが、神事としての呼び名は「おんべ鯛」が一般的だ。

その調製は、中手島の干鯛調製所で行われる。納入の日の二週間前に天気を見て決めるので定まった日取りは特にない。主な材料は、所定の数の鯛と塩である。包丁や竹の筅《ささら》、竹籠といった道具類はすべて伊勢神宮の神官から下賜《かし》される。神明神社の祢宜が供養をしたのち、全員古式の白衣を着て行われる。

納入日には、漁協の職員が付き添い、鳥羽行きの高速船に乗せ、鳥羽湾の桟橋で引き取りに来た神宮司庁職員に手渡す。ここまでが漁協の仕事である。

「おんべ鯛」は、篠島の伝統をふまえて、他の地域へ代えることができない特異な産物である。調製にあたる中手島は伊勢神宮の所有地で、調製所は、昭和十二年（一九三七）に建てられた。

付近の埋め立てが行われる以前、中手島は独立した島であった。この調製所ができるまでは、島内の氏神・神明社の境内で行われていた。島の「古井」の水を利用し、神明社神主邸で調製し、境内の倉庫で塩漬けにされた。

篠島が干鯛を献進することは、中世の記録にも残っている。「おんべ鯛」を納めた唐櫃《からびつ》には注連《しめ》縄が張られ、別仕立ての船は神宮近くまで「太一御用」の旗を立ててさかのぼる。

島の人々にとって「おんべ鯛奉納祭」は、何百年にも渡って意識の中に奥深く秘められてきた、民俗的な宝といえるだろう。

【篠島】三河湾に浮かぶ島で全域が三河湾国定公園に含まれる。水産業と観光業が中心で、漁船漁業のほか養殖漁業、水産加工業も盛ん。（問い合わせ：篠島観光協会／電話 0569-67-3700）
【干鯛奉納】ヤマトヒメノミコトが伊勢湾各地を巡幸した折に篠島に立ち寄り、御贄所（おにえどころ）と定めたことが由来。鎌倉時代に干鯛を納めていたのは篠島だけだった。
【交通】南知多町の師崎港と美浜町の河和港から高速船、カーフェリーが運行

御幣鯛調整所
（篠島・愛知県）

山車が華やかな西枇杷島まつり

名古屋の北に位置した西枇杷島町《にしびわじまちょう》は、町村合併で清須市となった。庄内川の西堤防にある町並みを、古くから美濃路とも呼ばれた街道が通る。熱田宿を起点として美濃の垂井に至る脇街道で、東海道と中山道を結んだ道である。

江戸時代には市場が置かれ、尾張平野の蔬菜《そさい》や青果の集散地であった。問屋の数は三十八軒を数え、藩御用をつとめる特権が与えられていた。枇杷島市場は江戸の神田、大阪の天満と並ぶ日本三大市場のひとつに数えられており、この地域の経済、文化、芸術にも大きな影響を与えた。

現在の尾張西枇杷島まつりは、江戸時代には天王祭と呼ばれていた。橋詰、六軒、松原の各神社が天王（素戔嗚尊《すさのおのみこと》）を祀っていたからである。祭りの中心は五輌の山車《だし》。杁西町のものを除き、どれもが文化文政年間（一八〇四〜一八三一）に造られた二層外輪のもので、前棚に前人形が座り、上山には三体のからくり人形が据えられて、それぞれがおもしろい技を披露する。

橋詰町の「王義之車《おうぎししゃ》」は書聖・王義之を中央に二つの人形が舞い、問屋町の「頼朝車《よりともしゃ》」は静御前の人形が扇を開くくだりが見どころ。東六軒町の「泰亨車《たいこうしゃ》」は牛若丸と天狗が長刀を振り回し、西六軒町の「紅塵車《こうじんしゃ》」は唐子《からこ》が孔雀の面をつけ、羽根を広げて舞うさまが見事である。杁西町の「頼光車《らいこうしゃ》」では、坂田金時が斧を振るって熊を退治する。まさに往時の商人の財力を見せつけられるようである。

山車は祭りの二週間前に組み立てられ、毎晩、その中でカラクリや鼓、笛の練習が繰り返されて本番に備える。二百年余の歴史を持つ五輌が競う、威勢のよい楫方《かじかた》衆の曳き回しは壮観。山車を百八十度回転させる曲場《まえば》は、幅五メートルほどの狭い旧街道で繰り広げられ、身近に祭りの醍醐味が味わえる。

一方、庄内川の河川敷では、数百発の花火が轟音とともに夜空を焦がす。川面を渡る風が肌にやさしく、夏の到来を告げている。

【西枇杷島町】愛知県名古屋市北西の西春日井郡にかつて位置した町である。平成 17 年に、新川町、清洲町と合併し、4 年後に春日町を編入し清須市となった。平成 12 年の東海豪雨では甚大な被害を受けた。
【尾張西枇杷島まつり】6 月第 1 週目の土曜と日曜に開催。5 輌の山車が昔の美濃路を行き来する。山車は名古屋城下で発達した典型的な「名古屋型」で、名古屋東照宮の祭礼の形態を引き継ぐ。（問い合わせ：西枇杷島町まつり振興会事務局／電話 052-400-2911）
【交通】JR 東海道本線「枇杷島駅」、名鉄名古屋本線「西枇杷島駅」「二ツ杁駅」

西枇杷島祭り
（愛知県清須市）

水魔からよみがえった大蛇伝説

野面で風が鳴っていた。

空まで紅色に染めて広がるレンゲ畑。その真ん中を貫いて流れる川の向こうには、雪をいただく御嶽の嶺が輝く。

月夜になると幻のように浮かぶ菜の花の上に蝶が舞い出し、川には小舟が五、六艘、漁火《いさりび》の尾を引いて上っていく——。これは都市化の波に洗われる前の清須かいわいの光景だが、川べりに沿って歩いていると、今もその名残りを見ることができる。

長堤には摘草が多く、横道に入れば昔ながらの長屋門を構えた農家の黒塀が続き、庭を覗くと無造作に植わった花が咲き乱れている。またこのあたりでは、茶花と抹茶が生活に根付いており、どの家でも季節に合わせた茶花を床の間に生け、一日に何度も抹茶を楽しんでいる。

竹薮に降る夜雨、群雀《むらすずめ》、八重葎《やえむぐら》に鳴く虫の音——といった、なんでもない四季の風情に深い味わいを覚えながら過ごす人々、そんな土地柄なのである。

だが、今はのどかなかいわいも、つい二百年ほど前までは、年に何度も庄内川の氾濫に襲われて難儀をしていたという。あたりは一面の泥海となって三百に余る村落が水浸しになった。特にこのあたりは川床が高く、少し雨が続くと堤が切れて大洪水となり、多くの命が失われた。

天明四年（一七八四）、尾張藩が庄内川の水を分流させる新しい川を造ろうと河川の改修工事に取りかかり、三年後、とうとうその完成を見る。

ところで、この地域には多くの大蛇伝説が残っている。「釣りをしていると松の大木ほどの蛇が現れた」だの、「大きな鯉が泳いでくるので網を打つと大蛇になり、荒波を立てて襲ってきた」などといったものである。それらを見た人は、いずれも熱を出して数日のうちに死に至っている。

夕暮れの堤のほとりを歩きながら思った。

こうした伝説は、長い間、洪水に苦しめられてきた里人たちの、水に対する恐怖心から生まれたものではないだろうか。

【五条川】清須市内には庄内川、新川、五条川の３つの河川が流れ、豊かな水辺環境に恵まれている。特に五条川の両岸堤防の桜並木は市民の憩いの場となっている。
【清洲城】尾張国春日井郡清須（現在の愛知県清須市一場）にあった城で、一時期織田信長が居城としたことで知られる。城跡は大部分が消失してしまったが、現在は隣接する地に鉄筋コンクリート造の模擬天守が建っている。（問い合わせ：愛知県清須市朝日城屋敷 1-1 ／電話 052-409-7330）
【交通】JR 東海道本線「清洲駅」、名鉄名古屋本線「新清洲駅」、名古屋第二環状自動車道「清洲東 IC」

五条川
(愛知県清須市)

藩直営の用水が流れる尾張の田

宮田用水は、平安時代の国司・大江匡衡《まさひら》が名付けた「大江川」に加え人工の用水路、パイプライン（導水路）を併せた、総延長五百キロにも及ぶ水路に含まれる農業用水である。

四百年前の慶長十三年（一六〇八）、家康の命で「お囲い堤」が築かれて木曽川の支流が締められると、これによって一帯は深刻な水不足となる。そこで改めて「杁《いり》」（取水口）が造られ、三百三十五カ村に及ぶ用水が、尾張藩の直営で整備された。これを管理することになった水奉行は大きな力を持った。

一七〇〇年代になると、新たに杁奉行が水奉行に代わり、雑草の繁茂や水の使用を見廻って、田植えから稲刈りに到るまでの管理をすることになった。土地が肥沃であった上に水が管理されたことにより、この地域では百姓一揆も起きなかったといわれる。

延長九・八キロの水源は、木曽川沿いの犬山市、般若《はんにゃ》杁（江南市般若地点）、大野杁（一宮市浅井町大野地点）の取り入れ口。こうして木曽川の水は、濃尾平野の田んぼを潤し続けてきたのである。

稲作は弥生時代、東南アジアや朝鮮半島、台湾を経由して北九州に伝わった。幾多の変遷を経て、また田の形態を変えつつも今日に受け継がれている。なかでも重要な田植えは、天候と水位と苗の育ちぐあいによって日程が決まるなど、すべてが自然相手の作業である。

昨年より再開した清須市寺野花園の田んぼでは、前夜まで強く降った雨も小降りになり、深田はさらに深くなったように見える。そこに菅《すげ》笠、絣《かすり》の半纏に赤い襷《たすき》を掛けた早乙女たちが、蹴《け》出しの色も鮮やかに稲の苗を植えていく。

糸のような雨が降り続く。重く垂れ込めた雲のすき間からかすかに明かりが洩れ、植えたばかりの若苗を浮かび上がらせる。水面に映った苗の葉先が小刻みにゆれ、どんよりとした空の色の泥田に波紋を拡げる。

田を渡る風、はしゃぐ早乙女の声。

どこからかカエルの声も聞こえ始めた。

【木曽川】長野県の鉢盛山に源を発し、愛知県、三重県を経て伊勢湾に流れ込む一級河川。中でも、可児市今渡から坂祝町を経て各務原市、犬山市に至る両岸一帯は、その景観の美しさから「日本ライン」と称されるなど、ほかにも多くの景勝地が見られる。

【宮田用水】近年ではパイプライン化により用水と排水が分離され、排水路は、都市部の雨水を受け入れて流す役目を負い、また暗渠となった水路の上は緑道として地域住民の憩いの場にもなっている。

【交通】JR 東海道本線「枇杷島駅」、名鉄名古屋本線「丸ノ内駅」、名古屋第二環状自動車道「清洲東 IC」

清須市近郊の
田植風景
(愛知県)

今も妖気に包まれる霧ヶ城

深い杉の原生林から霧が湧き出しては渦巻いて流れ、隣に続く原生林へと吸われていく。幾重にも重なるその原生林と原生林をつなぐように、時折姿を現すのは、雑草の茂るにまかせて崩れかけた石垣。

ある場所は天を衝くようにそびえ、またある場所は谷底に深い奈落となって落ち込んでいる。それらのすべてを濃い霧がおおって流れ、妖しい不気味さを漂わせている。

そこは、信州との国境にあたる東美濃の岩村城。日本の代表的な山城で、城が守勢になったとき、頂近くにある霧ヶ井（戸）から霧が湧き出して山を覆い守ってくれるとの言い伝えがあるらしく、「霧ヶ城」の別名となっている。

当時、城主・遠山《とおやま》修理亮《しゅうりのすけ》景任《かげとう》の夫人は信長の伯母（おつやの方）であった。

そこに目をつけたのが敵方で、武田二十四将のひとりである伊那城主・秋山《あきやま》晴近《はるちか》。景任が亡くなったところにつけ入って、景任の未亡人を妻にしてしまった。

織田軍が本陣を置いたといわれる大手門からの上りはけわしい。深い茂みにおおわれた道をシダのざわめきを聞きながらたどっていると、山の奥深くから低く、くぐもるような松風が響いてくる。血塗られた歴史が頭にあるせいか、何ともいえぬ凄《すご》みを覚える。

一の門あたりから道はつづら折れとなり、畳橋跡、三重櫓跡ときびしい傾斜と奈落を見せる石垣が息もつかせず続いていく。杉の原生林やシダの波の間に打ち重なって連なるその石垣群には妖気漂うものがあった。

さらに二の丸跡、本丸跡へとたどっていくのであるが、そんな天にそびえる石垣を見ていると、動物のようにここをよじ上り、くんずほぐれつ谷底へ落ちていった雑兵たちの凄《すさ》まじい雄叫《おたけ》びや悲鳴、矢玉の音が、今も当時のままに聞こえてきそうであった。

霧ヶ井は、その本丸に近い所にただ澄み切った水をたたえ、静まり返っていた。眼下には、獣も迷うほどの深い木々におおわれた尾根と、奈落の谷がどこまでものびている。

【岩村町】かつて岐阜県恵那郡にあった町で、平成16年に恵那市と合併。江戸時代には岩村藩を形成、3万石の城下町として栄えた。（問い合わせ：いわむら観光協会／電話 0573-43-3231）

【岩村城】鎌倉時代初期に加藤景廉の嫡子、景朝が遠山氏の初代となり、岩村城を築城し遠山氏の本拠地となる。時代は下って、遠山景任亡き後は、おつやの方が女城主を務めていたが、元亀4年（1573）に落城した。

【交通】明知鉄道「岩村駅」、国道257、363、418号

岩村城（霧ヶ城）
岐阜県恵那市

泉鏡花の戯曲の舞台「夜叉ヶ池」

音のない稲妻が、色づき始めた木の葉を妖しく浮かび上がらせては消える。そのたびに、なだらかな稜線が一瞬、大きく吐息をつくように淡い姿を現す。

日照りのとき、雨を降らせてくれた代わりに人身御供《ひとみごくう》となった夜叉姫と妖蛇伝説の残る夜叉ヶ池は、山の頂に近い深い茂みに囲まれ、にぶい光をたたえて静まり返っていた。

そこは、三国岳《みくにだけ》から三周ヶ岳《さんしゅうがたけ》に伸びる稜線の馬の背。標高一、一八〇メートルの美濃と越前の国境である。そんな高さのところに、満々と水を湛《たた》え続ける池があること自体が神秘である。

泉鏡花の戯曲「夜叉《やしゃ》ヶ池」の舞台だと聞いても腑に落ちる。

安八大夫はその日も宮に出向いて雨乞いの願掛けを行い、渇ききった田のあぜ道を帰りかけたとき、一匹の蛇に遭《あ》う。そこで「雨を降らせてくれたら、だれにでも娘をやるのだが――」とつぶやいた。その夜は大雨となり、数日後に一人の若侍が訪ねてくる。聞くと、それは先日の蛇で、雨を降らせてやった代わりに娘を嫁にくれと言うのである。

戯曲には村の美しい景観が実に巧みに織り込まれ、幽玄華麗な鏡花独特の文体がにじみ出ている。

夜叉ヶ池では、毎年七月に祭りが行われる。村の中心から登山口まで車で一時間、そこから池まではさらに約一時間半上る。崖沿いの道を歩き、何度か沢を渡る。

正保《しょうほう》年間（一六〇〇年代半ば）に編まれた『美濃国諸旧記《みののくにしょきゅうき》』にも収められた説話だが、こうした物語が今あっても不思議でないほどの、神秘と不気味さが漂う池である。

坂内村は、四方を山に囲まれた里である。すべてのものが峠を通って入ってきたことから「峠の文化の里」ともいわれるが、そこにある自然と人情の深さも身に浸みた。滝のしぶきに打たれて群生する山野草を眺めながら、山里のふところの深さを改めて味わった。

【坂内村】岐阜県揖斐郡にあった村。2005 年に揖斐郡内の他 5 町村と合併し揖斐川町になった。（問い合わせ　揖斐川町役場／電話 0585-22-2111）
【夜叉ヶ池】岐阜県揖斐郡揖斐川町と福井県南条郡南越前町の境界付近に位置し、国土地理院の地図上は福井県側に属している。ゆかりの神社も 2 つあり、夜叉ヶ池の畔にある「奥宮夜叉龍神社」と旧坂内地内にある「夜叉龍神社」。後者は正保 4 年（1647）に建立され、西濃の水神として祀ったといわれている。
【交通】北陸自動車道「木之本 IC（滋賀県長浜市）」、国道 303 号

坂内村
お迎之岩
（岐阜県）

岐阜県恵那市

高原と戦国伝説とカンテンの里

恵那山の秀嶺を仰ぐ高原の里「山岡」。

ここまで来て、遥かに立ちのぼる山霧の中に伊勢や伊豆の香りを嗅ぎ分けた。

里を少し離れれば、満天の星の下、昔ながらの清冽な大気に包まれるのだが、集落に入ると頬をなでる風の中に磯の香りが交じり、大洋の波音までが聞こえてきそうなのである。理由は、寒い季節に全国の浜から取り寄せられるテングサで、里の中央部に広がる田畑を利用して寒天《カンテン》作りが行われているのだった。

洗われ、煮つめられ、濾過《ろか》され、すべての不純物を搾《しぼ》り取られたテングサの固まりが、凍《し》みわたる星の下の田一面に並べられた光景を前にして、なぜか厳粛な思いに囚われた。海の底で洗い清められ、大事に育まれた植物が、今度は山の大気と星の光で、何度も凍らされ乾かされていくうちに極限まで純なものに高められる。

カンテンの製法は江戸時代、真冬に外に放置したトコロテンが乾物になっていたところから発見されたのだが、山岡に入ってきたのは昭和の初め。零下二十度近くまで下がる寒冷地でありながら雪の少ない土地柄が、製造に適していたため広まった。

平安時代の山岡は、恵那郡全体に勢力を持っていた藤原氏の荘園・遠山荘であった。鎌倉時代になると源頼朝の家人加藤景兼が地頭となり、隣の岩村に城を構えて遠山と称するようになった。

山岡の里には石仏と伝説が多い。なかでも若い女性の哀話が多いのは、山国ながら波乱の歴史に満ちているからだ。その一方で、恵那山の姿のように心やさしい土地柄であったことも影響しているだろう。

「比丘尼ヶ池」「釜屋城の姫」「機子ヶ池」「居守ヶ池」「龍王様」など、説話は現代にも語り継がれている。

【山岡町】岐阜県恵那郡にあった町で、平成16年10月に周辺市町村との合併により恵那市となった。冬は乾燥し朝晩の冷え込みが激しい。冬期の気候を利用した寒天の生産量は全国一、80%のシェアを誇る。
【明知鉄道】恵那から明智まで約25キロを結ぶ鉄道路線「明知線」を運行。季節によって「寒天列車」や「きのこ列車」などのイベント列車も企画されている。また、山岡駅には「寒天資料館」「寒天カフェ・レストラン」が併設されている。（問い合わせ：山岡駅・寒天資料館／電話 0573-56-3140）
【交通】明知鉄道「花白温泉駅」「山岡駅」、国道363、418号

カンテンの里
山岡町
(岐阜)

脈々と引き継がれる刀匠の技

関市は日本のほぼ真ん中、名古屋から北へ三十五キロにあり、面積はわずか四百七十二・三平方キロ。長良川と津保川の流域で、豊かな山々に囲まれたところである。

鎌倉時代、九州から美濃国武儀郡の関郷に移り住んだ元重《もとしげ》という男が、四方詰めという折り返し鍛刀法を考案して刀鍛冶を始めた。この地の刃物文化の起源といわれる。

戦国時代になると、その頑丈でよく切れる刀が武将たちから支持され、戦乱が遠のいて後も八百年、良質の焼刃土と炉に使う松炭、そして清らかな水の恩恵もあって、技術は代々受け継がれてきた。

なかでも著名な「関の孫六」は、室町時代後期に活躍した刀工の兼元《かねもと》が作った最上級の古刀で、兼元の屋号「孫六《まごろく》」に由来している。

鍛錬師《たんれんし》、研磨や外装を整える研師《とぎし》、柄巻師《つかまきし》、鞘師《さやし》、白銀師《しろがねし》と、伝統を守る職人たちの技法が関の刃物には生きている。鍛錬とは加熱した玉鋼の塊を叩いて不純物を取り除き、「折れず、曲がらず、切れ味の良い」刃物を作る日本刀の伝統技術である。

鍛錬するには、五感を研ぎ澄まし、先人を敬い、無心で叩く。刀匠《とうしょう》が台の小槌を打ち、その音に合わせて弟子が刀身を大槌で叩く。「相槌を打つ」の語源も、ここにある。火花が激しく飛び散る。

火床に空気を送り込んだとき砂鉄がパチパチと弾け、赤からオレンジ色、黄色になった瞬間の火花が激しく飛び散る。

日本刀の刀匠といえば「藤原兼房」。ブランド名は今日に継承されている。「徳川家御用達と刀剣鍛錬場」の表札がかかった「第二十五代　藤原兼房鍛錬場」の門をくぐった。

兼房二十五代は「鍛錬は日本人の心。無心の境地になったとき、炎は鋼の状態だけでなく、先祖の表情、刀鍛冶に流れる精神を代々受け継ぎ、技が脈々と流れている」と話してくれた。

日本刀は武器として使われなくなった現代も、美術品やお守りとして人気を集めている。

【関市】美濃市を挟むようにＶ字型の市域を描き、関市内の旧武儀町域内は日本全体の人口重心地となっている。「日本一の刃物のまち」がキャッチフレーズ。
【関鍛冶伝承館】日本刀の製造工程、歴史に関する資料や関市の刃物文化が生んだ近現代の刃物製品を展示。関の刃物まつりは11月8日開催。（問い合わせ：関市観光協会／電話 0575-23-6726）
【交通】長良川鉄道越美南線「刃物会館前駅」「関駅」「関市役所前駅」など6駅、東海北陸自動車道「関IC」、東海環状自動車道「関広見IC」、国道156、248、256、418号

日本刀鍛錬場
（関市、岐阜県）

暮らしに息づく信仰「おちょぼさん」

遠く広がる濃尾平野の平田《ひらた》町に、千代保稲荷《ちよほいなり》神社がある。平安時代、八幡太郎源義家の六男・義隆が分家したとき「森」の姓を授かり、先祖の霊璽《れいじ》、宝剣、義家の肖像などを「千代代々に保っていけ」と賜った。その子孫・森八海がこの地を開墾し、義家から伝わる霊璽を祀ったのがこの神社の始まりで、今から六百年ほど昔、文明年間のことである。

奈良時代に入ったばかりの和銅四年（七一一）、秦《はた》氏が稲荷を始めて祀ったのが京都の伏見稲荷大社で、それにつらなる千代保稲荷は豊川稲荷とともに日本の三大稲荷とも言われる。祭神は大祖大神《おおみやのおおかみ》、稲荷大神《いなりおおかみ》。「稲荷」という言葉は、稲作農耕に関連すると考えられるが、空海の開いた真言宗の荼枳尼天《だきにてん》と結びつき、さらに狐が稲荷神のお使いとされて、神が狐に乗った姿で表されている。

狐が霊力を持っていることは、日本書紀にも書かれていて「白狐《びゃっこ》」は吉兆をもたらすとされている。「ケ」は食べ物、「ツ」は接続詞、「ネ」は根で食べ物の根源のともいわれ、商工、農耕などの神様として人々の暮らしの中に深くしみ込んできた。現在でも、関西ではキツネをケツネとよく言われる。神社の参道にはおよそ百十軒もの店が並び、立ち食いの串カツが「おちょぼ名物」となっている。

神社所蔵の美術品を収蔵する温故《おんこ》集成館には、高須藩十代藩主の松平義建《よしたつ》、前田青邨《せいそん》、荒川豊蔵、加藤春岱《しゅんたい》の作品や、紀元前の中国の青銅器、朝鮮李朝の椀などが展示されている。

近くには、木曽三川の宝暦大治水工事に携った薩摩藩士の霊を祀る治水神社がある。この工事は外様大名の財政を疲弊させるのがねらいで、幕府は島津藩にその任を命じた。実際、幕府役人の圧迫や仕打ちは冷酷苛烈をきわめたという。苦難の賜物である油島締切堤《あぶらじましめきりづつみ》には日向松《ひゅうがまつ》が植えられ、今では「油島千本松締切堤」として国の史跡に指定されている。

【平田町】平成 17 年 3 月、南濃町、海津町と合併し海津市が誕生した。町名は木曽三川の改修工事を指揮した薩摩藩家老・平田靭負（ゆきえ）にちなむ。（問い合わせ：海津市観光協会／電話 0584-52-1133）
【千代保稲荷神社】地元の人々からは「おちょぼさん」と呼ばれ親しまれている。月末日には「月越し参り」が行われ、参道の両端に屋台や出店がぎっしりと並び、夜通し参拝客が絶えない。海津市平田町三郷 1980　電話 0584-66-2613
【交通】東海道新幹線「岐阜羽島駅」、名鉄羽島線「新羽島駅」、名神高速道路「岐阜羽島 IC」、国道 258 号

暮らし息づく商工信仰
稲荷「お千代保さん」
奉納 千代保稲荷神社
千代保稲荷神社
千代保稲荷神社
千代保稲荷神社
千代保稲荷神社

三重県鳥羽市東海岸（国崎、石鏡）

日本最古の神宮、海女の里

風すさぶ夜明けの浜に、まだ新しい卒塔婆が立っていた。くだける波涛と海鳴りの中で空が白み、水平線に金色の光がはじけた。

砂浜の丘で、海女《あま》が三人ひざまづき、紅色の太陽に向かって手を合わせた。

海女にとっての浄土は、潮けぶる沖の彼方――。三人は、ともにもぐって海の底に消えた仲間の魂が、この初日の日の出の時、浄土によみがえると信じているかのように、除夜のときから待ち続けていたのである。

石鏡《いじか》は平地が少なく、岩礁の多いところである。海女には、浜を歩き陸に近い海にもぐる「徒人《かちど》」と、夫婦で舟に乗って沖で深海にもぐり、浮上するときは命綱の合図で夫に引き上げてもらう「舟人《ふなと》」がある。

国崎《くざき》は、鎧崎の海食崖《かいしょくがい》上の集落。眼前に伊勢湾、南に的矢湾を隔てて、茫々とけぶる安乗《あのり》、大王崎、熊野灘を見渡せる。荒波のくだける足下に目をやれば、時折、海女が沈む波間から「磯笛」が風に乗って流れてくる。

潮風のあわいにもの悲しく響く調べは、海底を生活のよすがとする海女の唄でもある。ひともぐりして水面から顔を出すとき、一度に息を吐くと肺をこわすので、口をすぼめてゆっくりと出す。そのときに出る音が磯笛である。

志摩の海女の歴史は、第十一代の垂仁《すいにん》天皇（紀元前二九）の時代に始まる。天照大神を伊勢の地に祀った倭姫命《やまとひめのみこと》が、社貢《しゃこう》を定めるために付近を巡行していたところ、国崎の鎧崎の「おべん」という海女がアワビを贈った。

今でも伊勢神宮のアワビの調達所は鎧崎である。五、八、十一月の三回、アワビを捕って奉納している。

海辺の村では、猫の瞳孔の大小で潮の干満を知り、風や星の息づかいで天候を見定める。船でも老いると磯で風葬するか、海底に帰してやろうとする。

そんな伝説や感情を最もよく知っているのが海女である。表には出ない歴史の伝説が、その口から海霧のようにわいてくる。

【国崎町】志摩半島の最東端に位置し、国の先（崎）という意味で「国崎」となった。海女の祖「おべん」を祀る海士潜女神社（あまかずきめじんじゃ）がある。（問い合わせ：町内会事務所／電話 0599-33-7428）

【石鏡町】素朴で穏やかな漁港の町。迷路のような階段と路地沿いに民家が密集している。昭和 29 年の映画「ゴジラ」の第 1 作で、日本へ上陸したのが石鏡漁港で、多くの地元民がエキストラとして出演した。

【交通】JR 参宮線「鳥羽駅」、近鉄志摩線「鳥羽駅、中之郷駅、志摩赤崎駅」など 7 駅、伊勢志摩スカイライン、パールロード伊勢志摩連絡道路、国道 167 号

海女の里・国崎
（三重県）

式年遷宮ご造営の神事「お白石持ち」

伊勢の国は「磯」が多く、東が海に面した地域で、日本書紀にも「伊勢の国の神の宮」と表記されている。天照大神を祀る皇大神宮《こうたいじんぐう》（内宮《ないくう》）と、豊受大神《とようけのおおかみ》を祀る豊受大神宮（外宮《げくう》）を正宮《しょうぐう》と呼び、別宮《べつぐう》や末社が百二十五を数える。

皇大神宮の第一回の式年遷宮は、持統天皇四年（六九〇）年とされている。内宮の遷宮から二年後に外宮の式年遷宮が行われ、遷宮を行う月日は、式年式日と呼び、内宮は九月十六日、外宮は九月十五日と定められている。遷宮の前日、神宝《しんぽう》類が朝廷から奉納されたと『神宝書四巻』にそのように記されている。

持統天皇二年（六八八）、天皇は両正殿に「御神宝物等」を奉納され、その宣旨《せんじ》に「両正殿の式年遷宮は二十年に一度行うことを永世に定める」とある。正殿を造り替えるにあたっては、同規模の敷地が別に用意されており、それらを交互に使って新たな正殿が造られる。月読宮など十四の別宮すべての社殿も、造り替えて神座を移す。

神宮の社殿は白木造りで屋根は萱葺き。尊厳ある姿を保つために二、四、八を吉数としたその十倍を計算し、満数二十年を限度として建て替えが行われてきた。遷宮前段の祭りは、ご用材を切り出すことから始まる。運搬は小工《しょうく》（宮大工）と神税《しんぜい》を担っていた人々（領民）の伝統行事で、「御《お》木曳《きびき》」は御用材の神事。また「お白石持《しらいしもち》」は式年遷宮を構成する祭事のひとつで、新しく建設された正殿の敷地に、白い石を敷き詰める行事だが、造営の神事と区別されている。

白石（砂石）は石英質の半透明、乳白色で大人のこぶし位の大きさであった。各奉献団と特別神領民の奉仕により木製のそりに白石の樽を載せて内宮へ、そして五十鈴川の川曳きと宮側の堤から陸曳きで外宮へと運ばれる。

五十鈴川は浅いところ、深いところがあり、胸まで水につかりながら綱を引いた。「御木曳」に続き「お白石持」に参加できたのは何よりで、心が洗われ、ひときわ厳粛な気持ちになった。

【伊勢市】「神都」の異名を持つ。昭和 29 年までは「宇治山田市」と称しており、内宮周辺が宇治、外宮周辺が山田に当たる。（問い合わせ：伊勢市観光協会／電話 0596-23-9655）
【式年遷宮】2 つの正宮の正殿、別宮の社殿だけでなく、宝殿外幣殿、鳥居、御垣、御饌殿など 65 棟の殿舎、714 種 1576 点の御装束神宝、宇治橋なども造り替えられる。
【交通】JR 参宮線「伊勢市駅」、近鉄山田線「伊勢市駅」「宇治山田駅」、伊勢自動車道「伊勢西 IC」「伊勢 IC」、国道 23、42、167 号

お白石
伊勢神宮式年遷宮
ご造営の神事
「お白石持ち」行事
（伊勢市、三重県）

三重県伊勢市

舞い散る枯れ葉と神々の衣ずれ

清冽な五十鈴川にたちこめる朝霧は、新しい年のため神々がはぐくんだものだ。

空の彼方で静かに夜明けを告げ、星に彩られていた幕がゆっくりと薄れて消え、年の初めを森に伝える。

そこは「常世の波が寄せる」という伊勢神宮の森。大和朝廷が、皇統の永遠を祈って定めた聖地である。

朝霧煙る内宮の宇治橋を渡って一の鳥居をくぐり、神への供物をすすいだところから名づけられたという五十鈴川で身を清める。

千古の杉の緑におおわれる幾つかの神殿を仰ぎながらたどり着いた正殿は、二十余段の石段と幾重もの垣の奥にあった。そこに鎮座するのは、天照大神、つまり永遠を象徴する天照神の御魂の象徴、皇室の三種の神器の一つの神鏡である。

伊勢には古来、都から派遣された斎宮《さいぐう》（斎王）がいた。天皇が即位すると未婚の皇女の一人が選ばれ、神宮に入って祭事を主宰する。退位すると都に帰り、新しい天皇の皇女がやってくる。これを斎宮と呼び、天皇と天照大神を結ぶ重要な役目を持っていた。

内宮に住む大神に、朝夕、常世の命のこもった食事を献じるためにできたのが外宮《げくう》である。雄略天皇（四五六〜）の時代に丹波国から遷都された離宮で、すべての産業を守る神でもある。朝夕、昔ながらに木の摩擦で火をおこして料理を作る忌火屋《いみびや》殿を備え、正殿の庭には神鶏《しんけい》が遊び、いかにも食事所らしい雰囲気がある。

内宮、外宮とともに忘れてはならないのは、神域の地主神である土宮《つちのみや》、風雨の神の風宮、神霊の活動をつかさどる多賀宮、そして神に供する水を汲みあげる上御井《かみのみい》神社である。

伊勢神宮参詣の正面は二見浦で、勢田川から夫婦岩にいたる五キロの海岸線は、神宮へ参る人の精進粛斎の場であった。

伊勢は、神代の昔に通う道である。深夜、月の伊勢路を歩いていると、林に舞う枯れ葉の音に、ふと神々の衣の触れ合う気配を感じたりする。

【伊勢市】「神都」の異名を持つ。昭和 29 年までは「宇治山田市」と称しており、内宮周辺が宇治、外宮周辺が山田に当たる。問い合わせ先：前ページ参照。
【外宮】正式名称は豊受大神宮（とようけだいじんぐう）。祭神の豊受大御神（とようけのおおみかみ）は、内宮の天照大御神への食事を司る御饌都神（みけつかみ）であり、衣食住、産業の守り神としても崇敬される。
【交通】外宮まではJR 参宮線、近鉄山田線「伊勢市駅」から、外宮参道を通って徒歩 5 分程度。沿道は商店街になっている。

皇大神宮
（三重県伊勢市）

三重県三重郡菰野町

僧兵装束の男たちと壮大な火祭り

菰野《こもの》藩は、慶長五年（一六〇〇）、関ヶ原の戦いで功績のあった土方雄氏《ひじかたかつうじ》（藩祖）に一万石の所領が与えられたことに始まる。マコモの茂る湿地を開拓した土地で、雄氏の長男・雄高、雄豊と三代にわたって城造りに力を注ぐ。城下には寺社を集め、武家屋敷、職人町、商人町と町割りを整えた。以来、藩は二百七十年間、この地を統治することとなる。

歴史を遡ってみると、大同二年（八〇七）、天台宗を興した伝教大師「最澄《さいちょう》」が、御在所の北側の山麓に三嶽寺《さんがくじ》を建立している。

戦国の世になり、武家政治の横暴に対して寺の僧侶は武装する。三百人余の僧兵に守られた三嶽寺は、元亀元年（一五七〇）、信長の兵火に焼き討ちされるまでの約七百六十年間、その法灯をともし続けた。

僧兵とは、社会が乱れたときに寺社が自衛のために武装したもの。当時は仏教に対する世間の信仰、仏に寄せる人の心は絶対的なものであったが、僧兵たちは、そうした信仰を後ろ盾に、寺の権利、財産を守るためと称して、僧の身でありながら衣の下に甲冑をつけた。腰には刀を帯び、なぎなた、弓などを携えて大集団を作り、事あるごとに神輿を担ぎ出し、武士の横暴さを凌ぐような狼藉の限りをつくした。

宗教史の上には大きな汚点を残したとはいうものの、それは当然生まれるべくして生まれ、社会によって育てられた存在ともいえる。

こうした行為は、一歩その中に踏み入ってみると、当時の社会、寺院内部の組織に対する無力な人間の抵抗や悲しみに満ちている。

そもそもは、平安貴族たちが極楽往生を願って寺院に贈った荘園の番人という身分から僧兵は生まれた。仏の前で真夜中に議論をすることは恐れ多いことだと、五条の袈裟で姿を隠した。

菰野町に伝わる「僧兵まつり」は、僧兵装束の男たちが六百キロもある大きな樽神輿を、松明百本ほどに火をつけて練り歩く「火炎まつり」が見どころ。火の粉が飛び散り、漆黒の夜空に天を紅く染める松明と、渓谷を僧兵太鼓がこだまする勇壮な祭りである。

【菰野町】三重県の北西部、鈴鹿山脈の東山麓に位置する。湯の山温泉や御在所岳などの自然に恵まれ、毎年多くの観光客、登山客が訪れる。北部にある田光地区のシデコブシ及び湿地植物群落は国の天然記念物。
【湯の山温泉】養老2年（718）に発見された古湯で、傷ついた鹿が癒していたことから鹿ノ湯ともいわれていた。毎年10月初旬に僧兵まつりが行われる。（問い合わせ：湯の山温泉協会／電話 059-392-2115）
【交通】近鉄湯の山線「菰野駅」「中菰野駅」「大羽根園駅」「湯の山温泉駅」、新名神高速道路「菰野IC」、国道306、477号（鈴鹿スカイライン）

僧兵まつり
(菰野町.三重県)

三重県多気町〜尾鷲市〜熊野市

天を衝く杉木立は難行苦行の道

熊野古道は、熊野三山への参詣のための巡礼道で、雨の多い土地柄か、足場が悪くならないようにと石畳が敷かれている。

紀伊は気の国、そして樹の国。火山もないのに大地から温泉が湧き、多雨と太陽が深き森を育て、ゆったりと流れる熊野川、激しく打ち寄せる波に削られた熊野灘の崖、その先の太平洋に囲まれた国である。

「蟻の熊野詣」といわれるように、各地からこぞって山々におもむき、たどり着くところが聖地であった。神仏習合の時代、西方浄土、来世救済の阿弥陀如来をはじめとする仏の浄土でもあり、人々は神とともに仏の救済をも求めて参詣したのだった。

古道には、紀伊路、中辺路、伊勢路、大辺路、小辺路の五つのルートがある。どれも修行の道で、平安、鎌倉時代には上皇の熊野御幸もこの道が使われた。

道に沿って神の御子神《みこがみ》が祀られた王子社が点在し、「広大慈悲の道」と『梁塵秘抄《りょうじんひしょう》』にもあるように、王子社に祈って歩き続けることも修行であった。天を衝くように並ぶ推定樹齢八百年以上の巨杉群。鬱蒼とした緑の中、石畳の道が続く先に熊野九十九王子《くじゅうくおうじ》の最後、多富気《たぶけ》王子があった。木立の中は昼なお暗いが、道を横にそれて見上げると、雲ひとつない青空がまぶしく光り、熊野詣の往時をしのぶことができた。

伊勢路には、日本書記に「国生みの舞台」として記される日本最古の花窟神社《はなのいわやじんじゃ》がある。御神体は伊弉諾尊《イザナギノミコト》。高さが四十五メートルもある岩窟で、「ほと穴」と呼ばれる高さ六メートル、深さ五十センチほどの大きな窪みがある岩陰が、伊弉冊尊《イザナミノミコト》を葬ったとされる墓所でもある。

毎年二回行われる「御綱《おつな》掛け神事」は、日本一長いといわれる百七十メートルの大綱に花や扇子を結び、御神体である巨岩に結びつけた細い綱七本（イザナミが産んだ七柱の自然神）を境内の松の御神体に渡すもの。この綱には神と人とをつなぎ、神の恵みが授けられるという信仰がある。

見上げると、七本の綱の中の一本に扇子が結ばれ、神々しく風に舞っていた。

【熊野古道】熊野三山（熊野本宮大社、熊野速玉大社、熊野那智大社）へと通じる参詣道の総称。道は三重県、奈良県、和歌山県、大阪府にまたがり。平成16年には世界文化遺産に登録された。
【三重県立熊野古道センター】熊野古道の三重県内区間である伊勢路の保全、活用拠点で、伊勢路と周辺の自然、歴史、文化の情報を発信するビジターセンターでもある。
【交通】JR参宮線「伊勢市駅〜多気駅」、JR紀勢本線「多気駅〜熊野市駅」、紀勢自動車道「勢和多気JCT〜尾鷲北IC」、国道42、422、425号

熊野古道
大門坂
（三重県）

静岡県浜松市

秋葉山へ響く火防の祈り

火防の効験で知られる秋葉山は、赤石山脈の南、天竜区春野町にある。その海抜八六六メートル。神亀年間、気《け》田川《たがわ》をはさんで並び立つ鏡山光明寺と前後して秋葉寺が建てられた。当時、山頂で焚いた篝火《かがりび》が夜間航海の目標となったので、金光明嶺と呼ばれていた。

秋葉山の本尊は聖観音で、開基は行基《ぎょうき》である。山岳修行の祖と仰がれる僧だが、秋葉山は中世には密教寺院となり、修験房を持つ山岳道場でもあった。回峯路は修験者のたどる道であった。

室町期以降は交易の道となる。天竜川近くの二俣《ふたまた》から運んだ塩や海産物を、人や馬の背で秋葉山上に担ぎ上げ、尾根から峠を抜けて信濃遠山谷に出て、高遠や飯田に運ばせた。

中世末期には、白衣に菅笠、金剛杖に念珠姿の参詣者が絶えず、二俣から信濃への信濃路、三河鳳来寺からの山川路、また掛川からなど、遠近の村里に秋葉道が拓かれ、険しい山路を善男善女が息を弾ませ、喘ぎながら登った。

信濃国千代村出身の三尺坊は戸隠《とがくし》で修行し、後に越後長岡の蔵王堂三尺坊に居住した。不動明王の法を修めた修験で神通力を得、その後、白狐に乗って秋葉山に飛来し、火防の術で民衆を救済したという。

十二月十五、十六日の祭りには、潔斎寮の浄火を移して大護摩が焚かれ、火祭り（火わたり）が行われる。

燃え上がる炎の中に行者が立ち、大巾（凧）が天に舞う。

行者は火の上を素足で渡り、祭具を日除けに奪い合う。

明治初年の神仏分離令で神社と秋葉寺、そこから遷座した秋葉山可睡《かすい》斎《さい》（袋井市）が分かれたが、秋葉寺だけでなく神社でも同日、火祭りが行われる。

三河、遠江（浜松市天竜区）から信濃（飯田市）へ抜ける標高一、〇八二メートルの峠が、青崩《あおくずれ》峠である。

峠付近の地質は中央構造線による破砕帯となっており、「青崩」とは山腹に広がるむき出しになった青い岩盤からつけられたもので、ぴったりの名だと思った。

【春野町】静岡県西部（遠州）の町。秋葉山があり秋葉信仰の総本山となっている。現浜松市天竜区春野町。
【秋葉信仰】遠州秋葉山を信仰の中心に発し、特に火伏信仰（火難除け）として全国に分布している。
【秋葉の火祭】秋葉山を御神体山と仰ぐ秋葉山本宮秋葉神社と秋葉寺では毎年 12 月 15、16 の両日、可睡斎では 15 日に行われている。火の舞や火渡りなど、火防の神事が執り行われる。（問い合わせ：秋葉山本宮秋葉神社／電話 053-985-0111、秋葉寺／電話 053-985-0010、可睡斎／電話 0538-42-2121）
【交通】秋葉山本宮秋葉神社及び秋葉寺／新東名高速道路「浜松浜北 IC」、可睡斎／東名高速道路「袋井 IC」

火防の祈り
秋葉山

南朝の隠し砦を求めて富士山麓へ

静岡県沼津市、富士宮市、山梨県南都留郡

富士山が茜に染まるころには、松風の鳴る梢の一番星が一段ときらめきを強め、浜に寄せるうねりが、波頭だけを残して闇にのまれてしまった。

富士が最も美しい沼津の浜のこのあたりに、天孫降臨の昔、富士高天《たかまが》原《はら》をつくろうと先祖が初めて上陸したという。日本の歴史の初め、広大な天空、富士の王都があったころ、富士山麓にあこがれを抱いて渡り来た皇祖が開いた土地なのである。

厳島神社、熱田神宮、富士山本宮浅間大社の大宮司を日本三大宮司とするのも（阿蘇神社、伊勢神宮とも）、いずれもこの国を開いた高天原神《しん》裔《えい》に結びついているからである。

高天原の富士谷は三国峠、大菩薩峠、笹小峠、籠坂峠《かごさかとうげ》、富士山に囲まれた盆地で、南北朝時代には南朝勢力の集合地であった。後醍醐天皇やそれを取り巻く貴族、武将らは浅間大社に大きな影響を与えていたといわれ、隠れ南朝の中心地は、裏富士の美しい忍野《おしの》であったと思われる。

応永八年（一四〇一）、陸奥の霊山城《りょうぜんじょう》が落ちて南朝の奥州勢力が総崩れになると、駿遠三の遺臣が続々と富士谷に逃げ込み、数えきれない大合戦がくり広げられた。

北朝の世になっても富士の南朝は、後亀山天皇の孫皇子・尊義王《たかよしおう》を密かに富士谷に迎えて南朝中興の天皇として即位させ、こうして富士高天原は守り続けられた――。

さて、皇祖が上陸した地の興国寺城は、のち伊勢新九郎（北条早雲）が今川家の内紛を治めた功によって入城し、富士上方十二郷の領主として関東制覇の拠点にしたところ。それが今では本丸跡と三方の土塁、矢倉台石垣、空堀が、激しかった攻防の跡を荒涼のなかに留めているだけだった。

富士宮から忍野へ、南朝の隠し砦を求めて歩く。

大樹林の中にわずかに形を留める砦の石垣の前に立つと、富士を吹き消して激しくなる雪の縞模様が、南北朝の風雲の嵐の再現かと思われた。

【忍野村】富士信仰の古跡霊場や富士道者の禊ぎの場に恵まれ、天然記念物の「忍野八海」は、富士山の伏流水の水源。（問い合わせ：忍野村観光案内所／電話 0555-84-4221）

【富士高天原】富士谷には南朝の中興天皇・尊義王（金蔵主　こんぞうす）の伝承があり、富士吉田市で発見された「宮下文書」には超古代、富士山麓に富士高天原王朝が栄えたとする記述があるという。

【交通】東海道新幹線「沼津駅」、JR 東海道本線、御殿場線「沼津駅」、東名高速道路「沼津 IC」、西富士道路「小泉 IC」、富士宮道路「北山 IC」「上井出 IC」、国道 1、52、139、246、414、469 号

富士南麓 忍野村
(静岡県)

日本歴史散策

東日本編

玉石垣の残る古えの村
東京都八丈町

青ヶ島
東京都島嶼部青ヶ島

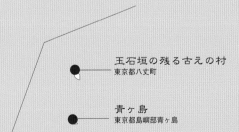

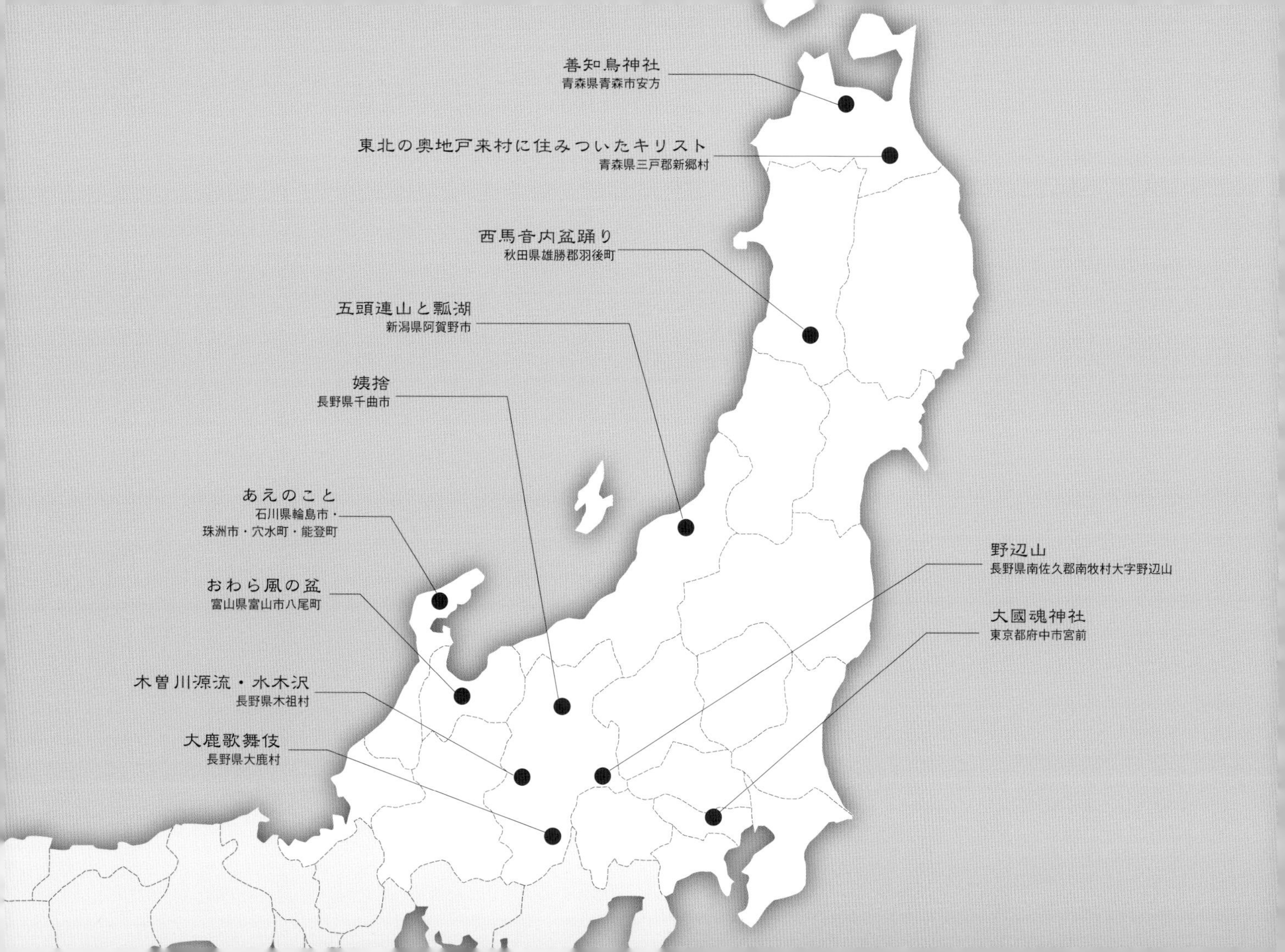

善知鳥神社
青森県青森市安方
東北の奥地戸来村に住みついたキリスト
青森県三戸郡新郷村
西馬音内盆踊り
秋田県雄勝郡羽後町
五頭連山と瓢湖
新潟県阿賀野市
姨捨
長野県千曲市
あえのこと
石川県輪島市・
珠洲市・穴水町・能登町
おわら風の盆
富山県富山市八尾町
木曽川源流・水木沢
長野県木祖村
大鹿歌舞伎
長野県大鹿村
野辺山
長野県南佐久郡南牧村大字野辺山
大國魂神社
東京都府中市宮前

長野県下伊那郡大鹿村

南アルプスの麓で受け継ぐ大鹿歌舞伎

大鹿村は山また山を越えたそのまた奥に、千二百人の村人がひっそりと過ごす秘境である。春には赤や白や桃色の花、その後を追っかけるように若葉が新緑に変わる。

背後には南アルプス、赤石岳がそびえ、小渋川はくねくねと曲がりくねって流れ下る。

出雲阿国が舞った歌舞伎は、京や大坂、江戸で盛んになり、元禄期には地廻りの役者が全国各地で興行をした。享保期には農民も演じるようになり、寛政や天保の改革のときに禁止令が出されても、「かくれ踊り」として演じ続けられた。

大鹿村には、信州諏訪と静岡秋葉街道をつなぐ街道を通って、商業や宗教に関わる多くの往来人がやってきた。村人は京からの旅役者に地芝居を教わったとされている。

大鹿で地芝居が上演された一番古い記録は、明和四年（一七六七）のもので、「大河原村名主前島家作方日記帳」に狂言を家族そろって見たと記されている。

傾斜地にあるため田園がすくないこの村では、「榑木《くれき》」が年貢として認められ、小渋川の急流を荷を積んだ筏が無事に通行できるようにと、村人が神様に芝居を奉納したことがきっかけとなり、大鹿歌舞伎が定着したという。

村人にとって歌舞伎は生活の一部となっていて、大鹿村でしか演じられない「六千両後日之文章重忠館の段」は地芝居独自の味わいがある。間口八間、奥行き三間の舞台が作られていて、明治期には大鹿村内十三カ所で演じられたが、今では春に大蹟神社、秋に市場神社で演じられるだけだという。

小屋の建造は文政元年（一八一八）。そのまわりに舞台が設けられ、上手に大夫座《たゆうざ》があり、浄瑠璃弾き語りの太夫が名調子を聴かせてくれる。

観客のかけ声とおひねりが飛ぶ。村人と観客が一体となってときが流れる。

【大鹿村】南アルプスと伊那山地に挟まれた山村。村内の鹿塩温泉は塩泉で、古くから製塩が行われていた。
【大鹿歌舞伎】大鹿村の各集落の神社の前宮として舞台で演じられる伝統芸能。300余年前から今日まで伝承され、国の重要無形民俗文化財となっている。年2回、春と秋に公演され、春公演は5月3日正午より大磧神社舞台、秋公演は10月の第3日曜日正午より市場神社舞台にて行われる。（問い合わせ：大鹿村役場／電話 0265-39-2001）
【交通】中央自動車道「松川IC」、県道59号

大鹿歌舞伎
（長野県）

長野県木曽郡木祖村

原始の林を流れる木曽川の源流

木の葉がゆれる。

樹齢二百年を超える木曽ヒノキが、真っすぐ天に伸びた手つかずの林。ブナ、サワラ、トチノキなど広葉樹と針葉樹が鬱蒼と混生した森に、鳥のさえずりが聞こえている。藩の御用林として「木曽檜《ひのき》一本、首ひとつ」と戒められ、大切にされてきた。

太古の姿をとどめる森の木漏れ日が射し込んだ沢筋の水は、長野、岐阜、愛知、三重の四県、全長二百二十九キロの木曽川の源流となり、支流の水となって太平洋に流れていく。

水木沢は、木祖村と木曽町の境あたりから流れ出し、笹川に流れ込む二・五キロの小さな流れである。自然倒木は苔むし、森林の清流に同化していく。

山仕事の人の腰のクマよけ鈴が源流の沢にこだまする。心地よい風が吹き渡るようになると、熊やカモシカが餌を求めて山を歩き回る季節だ。熊は木の空洞にかけられた蜜蜂の巣を嗅ぎ出し、鋭い爪で巣を掻きだして蜂の幼虫や甘い蜜を食べる。また「ほだ」と呼ばれる樹木の切り株の腐ったところや、土の中に巣喰う赤蟻を食べる。

カモシカは、シカと紛らわしい名称がついているが、野生の牛類に属する日本特産の動物である。現在では天然記念物に指定され、捕獲してはならないことになっている。牡も牝も二本の角をもっていて、硬い木の幹にこすりつけて角を磨く。

昔、猟師は動物を捕獲することが生業でありながら、野生動物に深い愛情を持ち、生態観察にも熱意を持って暮らしていた。動物の生態を無視しては、猟師の仕事は成り立たないからだ。

しかし今日では、野生動物と共存することは難しくなってきた。クマやカモシカが人里近くまで下りてきて、樹木や作物への被害が年々増大している。

横一文字の虹がかかった。「環水平アーク」という珍しい虹だ。薄い筋雲の氷の粒に太陽光が屈折したもので、淡く、徐々に天空にのみ込まれていった。

【木祖村】長野県木曽郡の木曽川最上流に位置し、村名は木曽川の源流地として木曽の祖という意味を持つ。村内の水木沢天然林は樹齢 200 年以上の樹木ばかりの原生林で、藩政時代には尾張藩が「留山制度」を定めた。（問い合わせ：木祖村観光協会／電話 0264-36-2543）

【木曽川】長野県の木祖村、朝日村、松本市の境にそびえる鉢盛山を源流部に、伊勢湾へと流れる一級河川で、木曽三川の一つ。木祖村のワサビ沢には「木曽川源流」の標柱が立てられている。

【交通】JR 中央本線「藪原駅」、中央自動車道「伊那 IC」「塩尻 IC」「中津川 IC」、国道 19、361 号

木曽川源流・水木沢
（長野県木祖村）

石の老女の白衣が舞う姨捨山

アンズの白い花が散っていた。

花びらの散る空の彼方には、昔のままに戸隠《とがくし》、妙高、黒姫、志賀、白《しら》根《ね》山《さん》といった北信濃の雪嶺、眼下の善光寺平《ぜんこうじだいら》には、千曲《ちくま》川の流れがまぶしくきらめきうねっていた。

姨捨《おばすて》伝説と月の名所で知られる「さらしなの里」。やせた段々畑を載せた急斜面の中腹に、すがるように盛り上がる小さな森に、姨捨山長楽寺がある。その昔、山に捨てられた老婆がうずくまったまま固まったという高さ十メートルほどの姥石《うばいし》があり、周りには杉や欅《けやき》の高い木立が、すっかり風化して苔むした石を守るように生い茂っていた。

封建の世の習いで山に捨てられた老婆たちの魂が、ひとつの石になって大地と同化し、四季の移ろいをくり返す自然や鳥、獣の声の中で暮らし続ける――。思っただけでも何とも凄まじい幽明界である。

本当の姨捨山は、ずっと背後の高いところにあるのだが、この急な斜面にある巨岩にその昔、捨て去られた老婆たちの面影を見出して姨捨の地とし、供養寺を建てた信濃の人たちの心が十分に伝わってくる。

正面の鏡台山《きょうだいさん》に目をやると、北信濃の秀嶺を淡々《あわあわ》と浮かび上がらせ、月ののぼり来る様子が鮮明だ。嶺を離れた月は、善光寺平をうねる千曲川を輝かせ、水をいっぱいに張った田にもひとつずつ、鏡のようにその姿を映し出す。

そんな風景を求めて芭蕉や宗祇《そうぎ》をはじめ、古今の風流人がここを訪れたのだが、その本当の名月観賞の季節は、田植えに備えて水が満たされる五月ではなかったろうか。

緑と花の山道をたどって姨捨を訪ね、月光をつむぐように蛍が乱舞する中で、背後の姨捨の嶺に月が消えるまで眺める。そんな光景の中には、白衣をひるがえして舞う老女の哀しい幻想も現れることであろう。

名勝「田毎《たごと》の月」といわれる田は、西行法師が四十八願を型どり、一反を四十八枚に割ったことでできた。

【千曲市】長野県の北部、千曲川中流域の旧更埴市、旧戸倉町、旧上山田町が合併して千曲市が誕生。森地区、倉科地区は、あんずの里として知られる。（問い合わせ：信州千曲観光局／電話 026-261-0300）

【信州戸倉上山田温泉】千曲川左岸の戸倉（とぐら）温泉と上山田（かみやまだ）温泉および右岸の新戸倉温泉の総称。かつては善光寺詣りの精進落としの湯として栄えた。

【交通】JR 篠ノ井線「姨捨駅」、しなの鉄道線「戸倉駅」「千曲駅」「屋代駅」「屋代高校前駅」、長野電鉄屋代線「屋代駅」「東屋代駅」「雨宮駅」、長野自動車道「更埴 IC」、国道 18、403 号

姨捨
（長野県
更植）

長野県南佐久郡南牧村野辺山

八ヶ岳高原列車「小海線」の旅

天の真ん中に開けた平原を洗って、雲が流れる。ほんの先ほどまで初夏の残雪を光らせていた八ヶ岳の山塊は、ビョウビョウと音をたてて縞模様に流れる雲の渦中にあって、その広大な裾野の果てはけぶり立つように消えてしまう。

カラマツ林の夕闇のひとすじを、真っ白に染めて開く小梨《こなし》の花。その茂みでは、取り残された乳牛の仔が無心に草を食《は》んでいる。近づくと、すがるような目でじっと見つめ返す。その足もとには、柔らかいうぶ毛を光らせたゼンマイやシダ類の芽が、小さな瀬に向かい頭を並べて続いている。

耳をすますと、八ヶ岳の雪解け水を運ぶ流れの音がかすかに響き、カワラヒワの明るいさえずりが、白樺の梢から鈴をころがすように聞こえてくる。

広大で薄暗い遠景が、すさぶ風と雲の凄まじい渦となって広がる。海抜一、五〇〇メートル、八ヶ岳の溶岩台地、念場原《ねんばはら》、野辺山原《のべやまはら》の夕べは、どこからともなく暮れていく。

高原列車・小海《こうみ》線の旅は、釜無川《かまなしがわ》の深い渓谷に面した海抜九〇〇メートルの小淵沢《こぶちさわ》から始まった。大きなカーブを描いて八ヶ岳の山裾をしだいにせり上がり、高度が上がるにしたがって右後方に鋸岳《のこぎりだけ》、甲斐駒ヶ岳《かいこまがたけ》、アサヨ峰、鳳凰山《ほうおうざん》などの南アルプスを望む。その右手、釜無川が甲府盆地に向かって大きく落ちこむあたりに富士が光る。白樺や唐松などしだいに増える高原の木々が、間近な景色とともに、息つく暇もなく車窓から目に飛び込んでくる。

すっかり闇にのまれ、残るは八ヶ岳連峰の薄いシルエットだけ――。しかしそれも、荒い銀の粒をぶちまけたような星空に入れ替わると、もうそこは身体の芯までしみわたるような深い闇――。

その一角で、山裾に向かって今も続けられる開拓の営み、木株を焼く野火が、原始の火のようにちらちらと動いていた。

寂しさのきわみにただよう火山灰の風景に、しばらく夕暮れの風の冷たさを感じた。

【南牧村】長野県南佐久郡の村のひとつで、八ヶ岳の裾野に位置する。冷涼な気候を生かした高原野菜栽培が盛ん。国道 141 号は「市場坂」と呼ばれる急勾配のカーブが連続する。近年は日本三選星名所に選ばれ、星空の美しい村としても有名。
【小海線】千曲川の上流に沿って走る高原鉄道。野辺山駅は標高 1,375 メートルに立地する JR 鉄道最高地点。愛称は「八ヶ岳高原線」。（問い合わせ：南牧村観光協会／電話 0267-98-2091）
【交通】JR 小海線（始発・小淵沢駅～終点・小諸駅まで 78.9 キロ　31 駅）、国道 141 号

野辺山
（山梨県）

見えない田の神と対話する

十二月五日に行われる農耕儀礼の「あえのこと」の〝あえ〟とは「神を食物でもてなす饗《あえ》」、〝こと〟は「祭り」を意味する。収穫に感謝する行事で、家長自らが苗代田から田の神を迎え、風呂の後に食事を勧め、ひと冬を自宅の神棚で過ごしてもらう神事で、あたかも目の前にいる神様をおもてなしする主人の一人芝居のように進められていく。

奥能登地域で古くから行われていた民俗行事で、平成二十一年(二〇〇九)にはユネスコの無形文化遺産に登録された。今では能登町にある柳田植物公園内の合鹿庵《ごうろくあん》で体験できる。

古民家の広い土間の端に丸い桶の風呂が薪で沸かされ、奥座敷には種モミの俵を据えて神座を設け、新膳が用意されている。飯、汁、なます、煮しめ、甘酒、二股に育った大根、生の八目《はちめ》という魚が並ぶ。箸は栗の木で、一年(十二カ月)を表す十二寸と決められている。

家長は、裃に袴、榊の枝を二本持ち、近くにある田まで神様を迎えにいく。大きい方の榊は男の神様、小さい方は女の神様。田の神様は夫婦であった。

おごそかに素朴な口調で口上し、榊を田んぼに立て、クワで土を数回掘った後、再び榊を持ち、扇子をひらいて神様を榊に乗せ、道中神様たちと声を出して案内して家に招き入れるのだ。

家に上るときには、「足をゆすぎください」といって榊の木の下のほうを洗った。そして二つの座布団に座っていただき、主人は反対側に正座し、静かに平伏。今年の田植えのこと、稲の品種、稲刈り、収穫を細かに口上する。風呂に入っていただくときは湯加減を尋ねる。湯から上がり、食事を召し上がっていただくときには、お膳の山海のごちそうを一つひとつていねいに説明する。

長く厳しい冬を家族と一緒に過ごし、春の到来を告げる二月九日にも再び「あえのこと」が行われる。今度は五穀豊穣を祈願して、田の神様を田んぼへと送り出す。

【奥能登】珠洲市、輪島市、鳳珠郡の能登町と穴水町を指す。平成 15 年には石川県輪島市三井町に能登空港が開港した。愛称は「のと里山空港」。（問い合わせ：能登の旅情報センター／電話 0768-26-2555）
【のと鉄道】穴水ー七尾間 33.1 キロを結ぶ。里山と里海がおりなす車窓風景は絶品。観光列車「のと里山里海号」を定期運行し人気を集めている。(問い合わせ：のと鉄道旅行センター／電話 0768-52-0900)
【交通】能登空港（国内線定期便（ANA2 便)、のと鉄道七尾線「和倉温泉駅～穴水駅」、のと里山海道、穴水道路、珠洲道路、国道 249 号

あえのこと
（石川県）

哀愁の風が吹く「おわら風の盆」

風の鎮魂と収穫を祈る祭りは、元禄十五年（一七〇二）に始まった。立春から数えて二百十日の風を和らげることが目的で、富山平野に吹き下ろすフェーン現象で収穫期の被害が大きかったため、「風よおさまれ!!」の願いを込めて唄い、囃し、踊るもの。

神が天から降りてきてくれることに感謝し、人間に害を及ぼす悪魔を祓い、清らかになったところに淀みない大気を神々につくってもらい、そこで一年間の無病息災と豊穣を祈るのだ。

お盆を過ぎると稲の花が咲く。この頃にやってくる台風をなんとか避けたい。この祈りが「風の盆」である。九月の初め、穏やかなリズムの三味線と胡弓《こきゅう》と哀調を帯びた調べが町中を包む。

特に有名になった「八尾《やつお》の風の盆」については『越中婦負郡《ねいぐん》誌』によると、加賀藩から下された八尾の町衆が「町建《まちだて》御墨付《おすみつき》」を取り戻した祝いに、歌舞音曲無礼講で町を練り歩いたことが始まりとされている。

鳥追い笠を被った女性のしなやかで優雅な女踊り、つられるように男性は鳥追い笠を目深に被り、凛々しい所作で三味線、太鼓、唄い方、囃子方の音に合わせ、哀愁漂う音律は夜空に響き渡る。

「町流し」は、地方《じかた》の演奏で踊り手たちがおわらを踊りながら町内を歩くもので、古来からの姿を伝えている。「輪踊り」「舞台踊り」「豊年踊り」と、三日三晩は盆歌と踊りで明け暮れる。

歌われている「おわら節」は、諸説があるが、「おわらひ」という言葉を歌の中にはさんだもので「大笑」。豊作祈願の「大藁節」の略などともいわれている。囃子詞《はやしことば》は、寺参りや法事の念仏入りの歌であった。哀愁を帯びた旋律は仏事の場にも似つかわしい。

江戸末期から明治にかけて、越中八尾は生糸《きいと》の名産地として全国的に有名になった。農業にとっては困りものの風が、養蚕にとっては大切なものであった。「風鎮め」の念仏踊りが受け継がれつつも、いつしか「おわら」は芸能として昇華、開化していったと言える。

【八尾町】富山県の南部に位置した人口２万人余りの町。その歴史は古く、寛永 13 年（1636）に開町。平成 17 年に富山市、婦中町、大沢野町、大山町、山田村、細入村の６市町村と合併した。
【おわら風の盆】富山市八尾地区で、毎年９月１日から３日にかけて行われる富山県を代表する祭り（行事）である。坂が多い町の道筋で無言の踊り手たちが三日三晩踊り明かす。見物客は 20 万人を超える。（問い合わせ：越中八尾観光協会／電話 076-454-5138）
【交通】富山空港、JR 高山線「東八尾駅」、北陸自動車道「富山 IC」「富山西 IC」、国道 471、472 号

おわら風の盆
（八尾・富山県）

雪国の厳しい湖に羽を休める白鳥たち

夜来、降り続いた雪が夜明けとともに地吹雪に変わった。風は、地の底から吹き上げて大地の雪を巻き込み、激しく舞い狂い、新潟平野の地平線を生き物のように走る。それは自然が生み出した、いぶし銀のような地上のオーロラ。

幻想と見紛う風景に目を凝らしていると、北国の生活のきびしさも忘れてしまうほどだ。長い冬の間、「白」というベールを被って眠り続ける雪国にも、一日のわずかな間とはいえ慎ましやかながら、新鮮な変化があるということか。

五頭連峰《ごずれんぽう》を正面に望む水原《すいばら》の町は、新潟でもひときわ雪深いところで、その町の名は昔、近くの阿賀野川が氾濫して一面がよく水の原っぱになったところからついた。

町外れに美しいたたずまいを見せる瓢湖《ひょうこ》。冬になるとここに白鳥が訪れるようになったのは昭和二十五年（一九五〇）以来で、やってくる数が年々増え、近年は「白鳥の湖」と呼ばれるまでになった。

北海の流氷を思わせる氷群がひしめき、その間に深海のような青味をたたえて水面がのぞく。張りつめた氷原は深い雪にうずまり、けぶり立つように岸辺に向かって続く。

遠くアジア大陸やシベリアからやって来た野生の鳥たちは、狭い水面にひしめき合い、優雅な首をゆらめかせて思い思いの姿勢で早朝の日ざしを楽しんでいる。雪の山々を浮かび上がらせる水面の対岸には、かすかに青い地吹雪が舞い狂う。

一羽が水面を蹴り、大きく羽ばたきながら滑走し、やがてひらりと空に浮かぶ。翼の動きは、おとぎ話に出てくる天女を思わせる。「北国の使者」「冬の霊魂」「雪の化身」といわれるだけあって、優雅で神秘的であった。

しばらくの間その場に立ち尽くし、稲を干すために植えられた木々を見ていた。それはいたるところに根をはって力強く伸び、天に届かんばかりだ。

【水原町】かつて新潟県北蒲原郡にあった町。平成 16 年 4 月、安田町、京ヶ瀬村、笹神村と合併し、阿賀野市になった。五頭連峰と阿賀野川に抱かれた平野部で、穀倉として名高い。
【瓢湖】オオハクチョウやコハクチョウの飛来地で、寛永 16 年（1639）に完成した用水池。ハクチョウは昭和 25 年に初めて飛来し、現在では毎年 6,000 羽が越冬する。国の天然記念物、鳥獣保護区に指定されている。（問い合わせ：阿賀野市観光協会／電話 0250-62-2510）
【交通】JR 羽越本線「京ケ瀬駅」「水原駅」「神山駅」、磐越自動車道「安田 IC」、国道 49、290、459、460 号

五頭連山と瓢湖
（新潟県）

夢幻の世界を繰り広げる西馬音内盆踊り

「盆」という言葉は、倒懸《さかさがけ》を意味する梵語「ウランバナ」を音訳した「盂蘭盆《うらぼん》」に由来する。インド（天竺《てんじく》）の農耕社会に古くからあった祖先信仰にもとづくもので、供養されない死者の霊（無縁仏）に供物を与える行事であった。

中国を経て七世紀半ば日本に伝わり、都で宮中行事に取り入れられた。そこから仏教と結びついて新霊《にいたま》を供養し、もろもろの悪霊を鎮め、あの世のさまざまな姿、ありさまを踊りぶりの中に見いだすものとなる。

秋田県雄勝《おがち》郡羽後《うご》町に伝承される西馬音内《にしもない》の盆踊りは、踊る姿の優雅さで知られる。

起源は二流あり、正応年間（一二八八～九三）、西馬音内御嶽神社の境内で豊作祈願の踊りとして初まったものと、七百年ほど前、山形の最上《もがみ》氏との戦いに敗れた領主・小野寺氏や戦死者の霊を慰めるために城下で踊ったものとが一緒になったという。

八月十六～十八日の夜、西馬音内の中心部に囃子場が誂えられ、町の目抜き通りには松明が灯った。民家の櫓《やぐら》から打ち出す太鼓や笛、鉦、三味線の勇ましい囃子と、流れるような踊りをさらに艶なものにする篝火《かがりび》との競演であった。

目穴だけをくり抜いた黒い彦左頭巾《ひこさずきん》を被り、腰に草履《ぞうり》をぶら下げた踊り手は、仮装することで亡者を表現している。一方、深編笠を被った踊り手は、祖先より代々引き継がれた端縫《はぬい》という独特の衣装を着ていて、帯に下げた赤い「扱き《しごき》」が踊りの動きにつれて揺れる。さらに藍染め浴衣の踊り手たちが祖霊と一体となって、しなやかな振りの踊りが続く。

亡者踊りといわれる「がんげ」には歌詞や節廻しに哀愁が漂う。あの世の祖先を故郷に迎え、この世の人も一緒になって踊り、再びあの世に戻ってもらう精霊送りの行事であった。

世が更けるにつれ、篝火の火のゆらぎが妖しいまでに雰囲気を盛り上げる。踊りの本質を目の当たりにしたようで、鳥肌のたつ思いに浸った。

【羽後町】県内屈指の豪雪地帯。山間部の積雪量は 2 メートルを超えることも。古くは小野寺氏の城下町として発展。キャッチフレーズは「緑と踊りと雪の町」。「あきたこまち」の生産で知られる。
【西馬音内盆踊り会館】西馬音内盆踊りの活動拠点であり、町の観光交流拠点。館内には、古い踊り衣装のほか、人形による盆踊りの再現を展示している。体験交流ホールで盆踊りの映像資料が鑑賞でき、月に 1 度、西馬音内盆踊りの定期公演も行っている。（問い合わせ：羽後町観光物産協会／電話 0183-55-8635）
【交通】国道 398 号

西馬音内盆踊り
（にしもない）
秋田県・羽後町

五戸川の奥地に住み着いたキリスト

戸来《へらい》村に初めてキリスト伝承をもたらしたのは、皇祖皇大神宮の竹内家に伝わる文献『竹内古文書』の記述とされている。今から八十年ほど前の昭和十年の夏、この地を訪れた竹内巨磨《きよまろ》の主張である。

伝承によれば、ゴルゴダの丘で処刑されたキリストは弟のイスキリであり、十字架上の死をのがれたキリストは中央アジアからシベリア、アラスカ、樺太、北海道を南下して青森県八戸港に上陸した。さらに五戸川上流の戸来村にたどり着き、沢口の小高い丘に住みついた。戸来村の西の方にある十和利山《とわりやま》（標高九九〇メートル）の頂上からは十和田湖を眺めることができる。

麓には果てしなく高原が広がり、大昔、神々が集まった霊場とよばれる迷ケ平《まよいがひら》がある。今でも冬季には道路が遮断される雪深いところだ。

そこでキリストは神に祈り、瞑想にふけったと思われる。百六歳で天寿を全うしたキリストは、三戸郡三戸町と田子町の境に位置する標高八〇〇メートルのドコノ森山頂で風葬され、四年後に埋葬された。

キリストの墓には、二つの塚が並び、それぞれに木の十字架が建っている。片方はマリアとイスキリの塚で、日本に渡ってくる折にマリアの櫛とイスキリの髪の毛やツメを持ってきて葬ったといわれている。

毎年六月には塚の前でキリスト祭が行われる。第五十三回目の慰霊祭を、厳かな雰囲気の中で見ることができた。

神主が祝詞を奉上し、参列者が玉串奉奠《ほうてん》し、キリスト塚の周りで『ナニャドラヤ』と、意味不明のヘブライ語だとされる歌に合わせ、奉納の舞いが踊られる。村の名前の戸来もヘブライ語の訛ったものらしい。

戸来村では生まれたばかりの赤児の肌着に墨で十字を描き、初めて屋外に連れ出すときには額に赤い十字を描く。悪霊から守る風習だそうだ。

キリストの子孫を名乗る家の古びた戸袋に、五角形に変形したダビデの星を思わせる六芒星が、家紋のように打ち付けられていたのも不思議であった。

【戸来村】青森県にあった村である。現在は三戸郡新郷村大字戸来。昭和 10 年にキリストの墓が発見される!?　この地で生涯を終えたキリストの霊を慰めようと昭和 39 年から 6 月の第 1 日曜日に「キリスト祭」が行われている。（問い合わせ：新郷村観光協会／電話 0178-78-2025）
【キリストの里伝承館】キリスト伝説の源になった古文書のほか、郷土の文化、伝説、民話、民俗芸能などを紹介する。（問い合わせ：青森県三戸郡新郷村大字戸来字野月 33-1 ／電話 0178-78-3741）
【交通】国道 454 号

十
十來
東北の奥地、戸来村に
住みついたキリスト
（青森県、戸来村）

善知鳥神社と青函連絡船

善知鳥《うとう》神社は青森市の中心・安方《やすかた》にあった。森が深く、神秘的な雰囲気に満ちている。

ウトウは、大型のウミスズメ科の鳥で、日本海に浮かぶ天売島《てうりとう》を中心に六十万羽余りが生息する。仲間どうし愛情深く、義理人情に熱い「善を知る鳥」からきた名といわれる。

安方は青森湊《みなと》の開港前、善知鳥村と称され、漁師家が点在する小さな集落であった。荒川と入内川が流れ込む湖沼があり、この潟に入る船はどんな時も転覆を免れたので、善知鳥神社とともに漁師らの崇敬を集めていた。湊は寛永時代に開かれ、青々と茂る小高い森が寄せる漁船の目印となったことから「青森」の名がついた。

善知鳥神社の創建は征夷大将軍・坂上田村麻呂にゆかりがある。流罪になって都から移り住んだ烏頭中納言安方《うとうちゅうなごんやすかた》が宗像宮を祀ったともいわれるが、神社の由来とウトウという鳥にまつわる伝記が今日まで伝承され、祭礼の中心となっているようだ。

神社は奥州街道の終点でもある。津軽藩の出張機関が置かれていたからで、鳥居の近くに「奥州街道終点記念　の碑が建つ。独学で絵を学んだ棟方志功の生家があるところでもあり　棟方が子どもの頃に遊んだ境内は、近隣の変化にとり残されたように　そのまま残っている。

明治四十一年（一九〇八）三月七日、青森と函館を結ぶ鉄道連絡航路（英国製タービン船）が運行を開始した。大正十四年（一九二五）からは貨車航送となり直接接岸するようになった。昭和二十九年（一九五四）の台風一五号襲来で、洞爺丸をはじめ五艘が大被害を受けたことはあまりにも有名だが、長い歳月の末、ようやく平成元年（一九八八）に青函トンネルを利用したJR津軽海峡線が開通した。

鉄路の完成によって連絡船は廃止された。この航路で活躍した「八甲田丸」は青函連絡船メモリアルシップとして往時の姿のまま青森第二岸壁に繋留され、地下一階のエンジンルームから四階の煙突展望台まで、そのほとんどが公開されている。　鉄道車両を輸送した甲板を歩くと、レールのさび色に郷愁を誘われる。

【青森市】本州最北の青森県のほぼ中央に位置し、津軽地方の東青地域に属する中枢中核都市。三内丸山遺跡や青森ねぶた祭で知られる。（問い合わせ：青森観光コンベンション協会／電話 017-723-7211）
【棟方志功記念館】青森が生んだ世界に誇る板画家棟方志功（1903-75）の作品を展示する博物館。所蔵作品数は 1,900 点余りで、国内最大のコレクショを誇る。所在地／青森市松原 2-1-2　電話 017-777-4567
【交通】青森空港、東北新幹線「新青森駅」、JR 奥羽本線、津軽線「青森駅」、東北自動車道「浪岡 IC」「青森 IC」、青森自動車道「青森中央 IC」「青森東 IC」、国道 4、7、101、103、280、394 号

善知鳥神社
（青森市・青森県）

大國魂神社のパワースポット

大國魂《おおくにたま》神社は、第十二代景行《けいこう》天皇四十一年（一一一）、大神素盞鳴命《スサノオノミコト》の託宣によって造られた。

その後、孝徳天皇の御代になり、大化の改新のとき、武蔵の国府がここに置かれた。

寿永元年（一一八二）には、源頼朝が葛西三郎清重を使節として送り、その室北条政子のために安産の祈願が行われた。

天正十八年（一五九〇）、江戸に入城した徳川家康は、ここを武蔵国総社として社領五百石を寄進し、社殿ほかの造営に力を注いだ。

正保三年（一六四六）、類焼により社殿は焼失したが、寛文七年（一六六七）、四代家綱の命で再建された。朱塗りの三殿が横につらなった相殿《あいどの》造りで、屋根は流《ながれ》造り、檜皮葺《ひわだぶき》であったが、慶応年間に銅葺《どうぶき》に改められた。

武蔵の総社として国内の著名な神六所を配置していたので「武蔵総社六所宮」と呼ばれていたものが、明治四年（一八七二）、元の社号に復帰し「大國魂神社」となって今日に至る。

境内には神社入り口の大鳥居近くに樹齢九百年の御神木、檜造りの随《ずい》神門《しんもん》をくぐったところに鶴石、亀石がある。荘厳な拝殿、本殿裏には大神木大銀杏《いちょう》があり、根元に蜷貝《にながい》が生息して神社一番のパワースポットといわれている。

流鏑馬《やぶさめ》は、笠懸《かさがけ》、犬追物《いぬおうもの》とともに「騎射三物」のひとつ。平安時代には朝廷儀式として盛んに行われた。矢馳《やはせ》せ馬と呼ばれていたが、時の経過とともに今では「やぶさめ」と呼ばれるようになった。

射手の服装は、水干《すいかん》、鎧直垂《よろいひたたれ》で裾および袖をくくり、腰には行縢《むかばき》、物射沓《ものいぐつ》、左に射籠手《いごて》、手袋。右手に鞭、頭には烏帽子《えぼし》。太刀《たち》を負い、刀を差し、鏑矢《かぶらや》をさした箙《えびら》を背負う。弓並びに鏑矢を左手に持ち、的に矢を射って約二百十八メートルの馬場を疾走する。

【府中市】東京都のほぼ中央に位置する、東京多摩地域の拠点都市のひとつ。律令時代に武蔵国の国府が置かれたのが市名の由来で、江戸時代には甲州街道の宿場町であった。

【大國魂神社】武蔵国の総社として武蔵国一之宮から六之宮までを合わせ祀り、「六所宮」とも呼ばれる。東京五社の中でも最も古く、府中を代表するスポットである。敷地内にはふるさと府中歴史館もある。（問い合わせ：大國魂神社／電話 042-362-2130、ふるさと府中歴史館／電話 042-335-4393）

【交通】JR 武蔵野線、南武線府「府中本町駅」、京王線「府中駅」

大國魂神社
府中. 東京都

手つかずの自然が息づく絶海の孤島

青ヶ島は東京から南へ三百五十八キロ、面積五・九八平方キロ。人口百七十人余で伊豆諸島最南端に位置する断崖絶壁の孤島である。

天明五年（一七八五）、大噴火で三百人をこえる島民は八丈島に避難したが、そのうち百人以上が逃げ遅れて命を落とす大惨事となった。

五十年後の文政七年（一八二四）、住民は苦難の生活に耐えた末、名《な》主《ぬし》・佐々木次郎太夫たちの尽力でようやく島に帰ることができた。帰還を果たした次郎太夫を柳田國男は「青ヶ島のモーゼ」と讃えた。現在でも青ヶ島の復興の歴史は、連絡船「還住丸」の名に残されている。

青ヶ島へのアクセスは、今も本土からの直行便はなく、八丈島で連絡船かヘリコミューターに乗り継がなくてはならない。しかも島の天候は急変することが多く、欠航もしばしば。この日も波が高く、着岸のときはタラップを渡るのも危険だった。よい天気だったが、夜になると台風を思わせる風と雨の音で寝つかれなかった。

ここは世界でも珍しい二重式火山で、島そのものが外輪山《がいりんざん》。内側の火口内に内輪山《ないりんざん》がある。山腹には植林された椿《つばき》が縞模様に見える。今でも火山の噴気孔から蒸気が立ち上り、島言葉で「ひんぎゃ」（噴気孔があるところ）と呼ばれ、この蒸気を利用して塩が作られている。

島の鎮守を祀るのは大里神社。空を仰ぎながら玉石の急崖を登りつめると静かに祠が祀られていた。禊《みそ》ぎをした島人が海岸から玉石を運び上げたものという。

外輪山の頂きに祀られた祠は、神社というより聖地で、神体はどれも玉石であった。島人は自然の猛威を恐れ、神への畏敬の念が強い。十七人の巫女《みこ》がいて生霊、死霊を呼び出しお告げを伝えるので、神主は卜部《うらべ》的な能力が求められ、神仏分離以前の信仰の形が保たれている。

突然、東京都の緊急ヘリが飛んできて、急病人を東京の病院に搬送していった。現代と昔が混在している光景を目の当たりにしたようだ。

大自然の中を歩き回り、ややもすると怖気《おじけ》立つ雰囲気にのみ込まれていた身体の緊張が、オオタニワタリの群生する池の沢を歩いてほぐれた気がした。

【青ヶ島】東京都青ヶ島村。伊豆諸島の有人島では最南端に位置する、八丈島から約70キロ南に浮かぶ火山島。浸食が激しいため島の周囲はほぼ断崖をなしている。海面上の外輪山と内輪山の丸山がある。
【丸山】外輪山のカルデラ内にある内輪山。天明の大噴火で形成され、2つの旧火口を持つ。外輪山に風が遮られるため、静かな環境となっている。一周する丸山遊歩道も整備されている。
【交通】連絡船「あおがしま丸」（問い合わせ：伊豆諸島開発／電話 04996-2-1211）、ヘリコプター「東京愛らんどシャトル」（問い合わせ：東邦航空／電話 04996-2-5200）

青ヶ島
(東京都)

東京都八丈町

玉石垣の残る古えの村

伊豆諸島のひとつである八丈島は、江戸時代には流人《るにん》の島といわれていた。海底火山である東山と西山（八丈富士）が噴火し、二つがくっついてできたひょうたん形で、東京から南へ二百八十五キロの遠洋に浮かぶ。周囲五十一キロ、面積は約七十平方キロの火山島に、約九千人が暮らしている。

美しい花と緑に恵まれた黒潮の影響を受ける南の島では、国内では珍しい亜熱帯の植物が多く見られる。島に群生しているキダチアロエやセリ科の明日葉《アシタバ》は、昔から食用として島民に親しまれている。

流罪《るざい》の島で知られるように、明治四年（一八七一）までの二百六十五年間に千九百人ほどが遠島《えんとう》に処された。幕府によって最初に流されたのは豊臣家の五大老の一人で、関ヶ原合戦に敗れた宇喜田秀家《うきたひでいえ》であった。

島の名称は、伝統的な織物「黄八丈」からきている。

黄八丈は、いまも八丈島を代表する文化財であり特産物である。島に自生する植物から作った染料で絹糸を染め、平織りで仕上げた布地で、草木色、丈夫さ、染め色が褪《あ》せないことで珍重される。

絹織りの技術は江戸時代よりさらに古く、都からの流人によって伝えられたとされる。室町時代から明治の初めまでは米の代わりに絹を年貢として納めてきた記録がある。江戸時代、島の御用船を預かる奉行を勤めた服部家は幕府への年貢として米の代わりに絹（黄八丈）を献上し、莫大な資産を築いたといい、また本居宣長《もとおりのりなが》の『玉勝間《たまかつま》』にも「伊豆の沖にある八丈ヶ島というところも絹を織り出した……――」との記述がある。

黄八丈の染め色には、黄、樺茶、黒の三色がある。黄色はコブナグサ、樺茶《かばちゃ》はタブノキの皮、黒はシイやマダミの木の皮を釜で煎じ、その煎汁に漬けて乾かす作業を数十回繰り返す。黒色は鉄分を含んだ沼の泥《どろ》をこした水につけると鮮明な黒色になる。黄色はさらに椿や榊の生葉を焼いたものの上《うわ》ずみ液を加えると目の醒《さ》めるような黄色になる。

かつて流人が横間ヶ浦から運んできたという玉石の垣に沿って歩くにつれ、往時の苦労はいかばかりか偲ばれてならない。

【八丈島】伊豆諸島に属するひょうたん型の火山島で、南の三原山、北の八丈富士から成り立つ。
【黄八丈】八丈島の草木のみで染色する絹織物。極めて素朴なデザインが草木染めの色を際立たせる。和服愛好者が最後に辿り着くとも謳われ、近年は生産者の減少で希少価値が高まっている。「本場黄八丈」として経済産業省伝統的工芸品に指定されている。（問い合わせ：黄八丈織物協同組合／電話 04996-7-0516）
【交通】ANA 羽田発着伊豆諸島（大島・八丈島）路線「八丈島空港」、大型客船「橘丸」東京ー八丈島航路「底土港」（問い合わせ：東海汽船／電話 03-5472-9999）

玉石垣の残る
古えの村
（八丈島・東京都）

日本歴史散策

西日本編

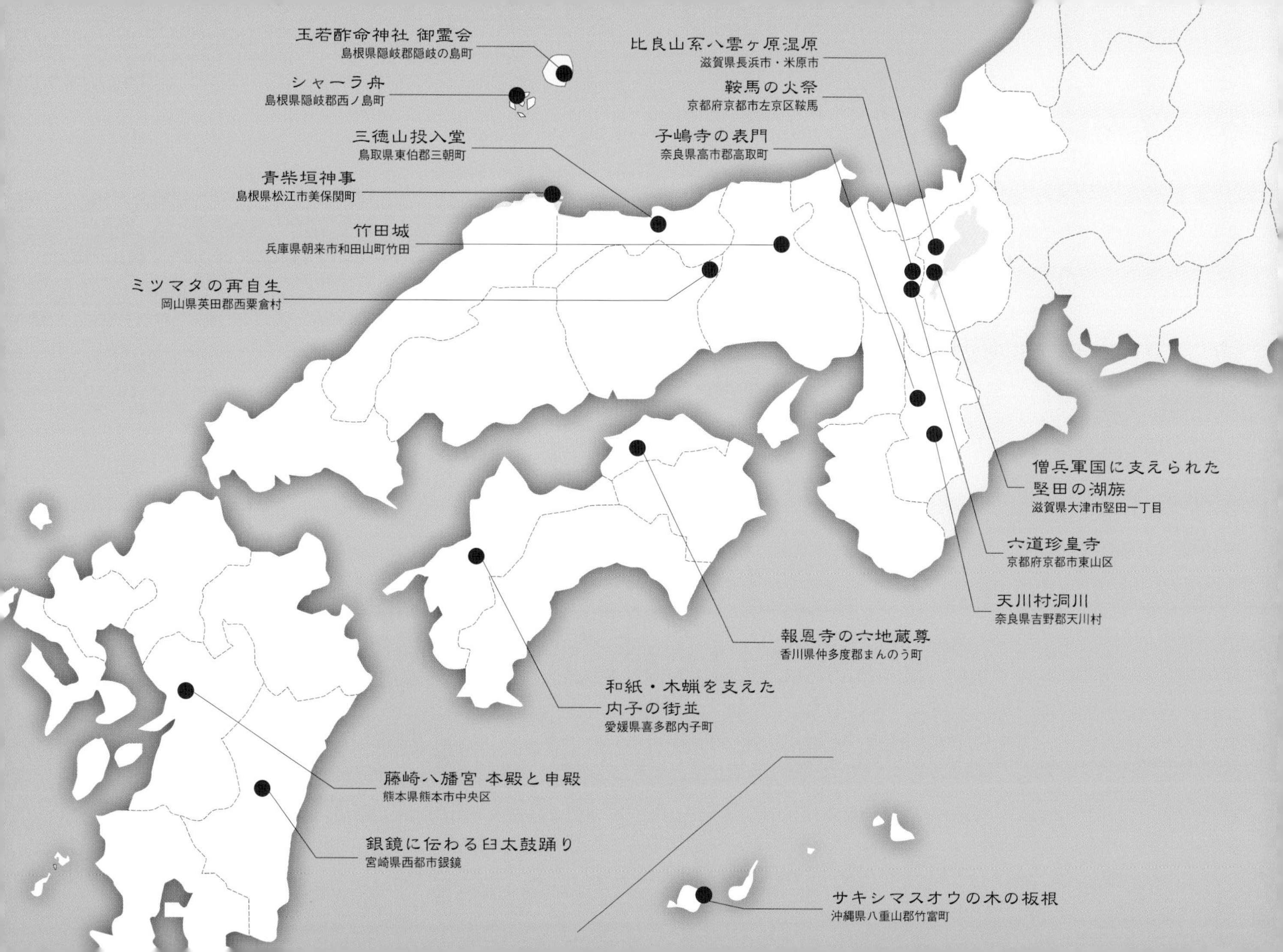
玉若酢命神社 御霊会
島根県隠岐郡隠岐の島町
シャーラ舟
島根県隠岐郡西ノ島町
三徳山投入堂
鳥取県東伯郡三朝町
青柴垣神事
島根県松江市美保関町
竹田城
兵庫県朝来市和田山町竹田
ミツマタの再自生
岡山県英田郡西粟倉村
比良山系八雲ヶ原湿原
滋賀県長浜市・米原市
鞍馬の火祭
京都府京都市左京区鞍馬
子嶋寺の表門
奈良県高市郡高取町
僧兵軍国に支えられた
堅田の湖族
滋賀県大津市堅田一丁目
六道珍皇寺
京都府京都市東山区
天川村洞川
奈良県吉野郡天川村
報恩寺の六地蔵尊
香川県仲多度郡まんのう町
和紙・木蝋を支えた
内子の街並
愛媛県喜多郡内子町
藤崎八旛宮 本殿と申殿
熊本県熊本市中央区
銀鏡に伝わる臼太鼓踊り
宮崎県西都市銀鏡
サキシマスオウの木の板根
沖縄県八重山郡竹富町

僧兵軍団に支えられた堅田の湖族

近江の湖《うみ》に稲妻が走り、比良《ひら》の尾根あたりから日暮《ヒグラシ》の声が生まれた。音もなく小波の寄せる琵琶湖の西岸で聞く蝉しぐれは、千年の法灯がともされた比叡《ひえい》の山から湧き出してくる経文ではないか。そう思われるほど神聖な響きを持っていた。

近江八景に「峰あまた越えて越路《こしじ》にまづ近き堅田《かたた》になびきおつる雁がね」と詠まれた里は、かっては都の下加茂社が支配する荘園であった。戦国後期にいたる約二百年間は、比叡山を本山とする天台宗・山門派の僧兵軍団に守られて、琵琶湖全体をとりしきる自治都市となる。

浜に長々と波よけの石堤を築き、渚の土塁には無数のトゲのある皂莢《サイカチ》の木を植えて砦とし、湖上を往来する船に略奪を仕掛ける海賊・湖族の本拠地として恐れられた。

堅田には古代より、南方民族の海人が住みついて作った釣り漁師集団があったという。漁猟とともに湖上で鴨などの鳥猟も行っていた。それに網漁師の群が加わって堅田衆ができたのだが、平安京遷都で勢いに乗る下加茂社勢力が入ってきたことで、その神膳を調達する御厨になっていったようだ。堅田衆が湖上支配権を強化したところへ、山門勢力が伸びてきて浮き御堂を建て、僧兵集団もでき上がった。

そのうちに、自分たちの生活権を守るためとはいえ、湖上を権利の敵対する船に攻撃をかける乱暴な行為もするようになり、湖族として恐れられることになった。これに乱世の戦いからはみ出した諸国の浪人どもが加わる。南北朝の戦いのころには、七百艘を越える船を出陣させるような強力な水軍として名を成していた。

琵琶湖に我が物顔の船団を航行させた堅田の地に、ついで進出してきたのが臨済宗と浄土真宗の信者たちであった。ことに蓮如によって大きく力を伸ばした真宗は、「堅田十二門徒」といわれる強靭な自治組織をつくった。そんな堅田衆の栄華も、信長勢力の進出でほとんど壊滅状態となってしまった。

【近江八景】滋賀県の代表的風景で「石山秋月」「勢多（瀬田）夕照」「粟津晴嵐」「矢橋帰帆」「三井晩鐘」「唐崎夜雨」「堅田落雁」「比良暮雪」を指す。（問い合わせ：びわ湖大津観光協会／電話 077-528-2772）
【比叡山】大津市の西南に位置し標高は 848 メートル。古事記に淡海（おうみ）の日枝（ひえ）の山として記され、古くから山岳信仰の対象とされてきた。山内には天台宗の総本山「比叡山延暦寺」や日吉大社がある。
【交通】JR 東海道本線「大津駅」、JR 湖西線「大津京駅～堅田駅」、京阪石山坂本線「坂本比叡山口駅～石山寺駅」、名神高速道路「大津 IC」「瀬田西 IC」、国道 1、8、161 号

傭兵軍団に支えられた
堅田の湖族
（滋賀県）

滋賀県長浜市、米原市

琵琶湖北岸をおおう魔界の峰

昔、山には魔界があった。里人に強い不信感と憎悪を持つ山人が住んでおり、ときどき若い女をさらっていったと言い伝えられてきた。

「ただ丈はきわめて高く、目の色少し凄しと思われる。子供も幾人か生みたれど、我に似ざれば我が子にあらずといひて、食ふにや殺すにや、皆いずれかに持ちさりてしまふ。」（遠野物語）

琵琶湖北岸に峰をつらねる比良も、かってはこんな山ではなかっただろうか。

湖岸から北比良峠、八雲ヶ原、金屎峠、葛川峠へと、琵琶湖を見おろしながら辿る比良の山道は明るくのびやかである。だが、隈笹の原を過ぎて橅《ブナ》の老樹林に入ったり、鋭くえぐられた谷底で立ち止まったとき、昔の魔界の匂いが漂っているのを感じた。

比良の峰は、北陸の南の土地をへだてる壁である。この障壁によって、北国が吹雪いていても琵琶湖は晴れている。それでも比良の峰は乗り越えてくる風を払いきれず、麓の里に雪を降らせたり、湖に突風を生んで多くの悲話を残した。近江海津《かいづ》から堅田にかけての北岸にことに古寺が多く、信仰が深かったのはそのためである。

比良の西には、都の権力を背景にした比叡の法灯が輝き、南には明るい湖と豊な平野が広がっているが、比良には比叡からはみ出してきた貧しい坊と荒行のための道があるだけで、時折、修験者が足早に通り過ぎていく。比良と北岸の風景は、どこも艶消し写真のようなしぶい魅力がある。

京の都の入り口、東海、中山、北陸三街道の合流点にあたるこの地は、武将にとっても魔界であった。壬申《じんしん》の乱以来、木曽義仲《きそよしなか》をはじめ都を目指す武将が多くの血を流したところである。

山に登る者は、一歩一歩が行であり、一息一息が心をつむぐ糸である。一息入れると、山砂を分け、草の葉を伝ってゆく清水がある。その泉の中には、原始のままの山の生命と静寂がある。

【湖北】滋賀県北東部の地域名称で、長浜市と米原市の２市からなる。長浜市は羽柴秀吉が築いた長浜城の城下町として繁栄し、米原市は中山道と北陸道の分岐点にあたり、交通都市として発達した。

【比良】琵琶湖西岸につらなる比良山地の大部分が琵琶湖国定公園に属し、登山やスキー客で賑わう。（問い合わせ：長浜観光協会／電話 0749-65-6521、米原観光協会／電話 0749-58-2227）

【交通】東海道新幹線「米原駅」、JR 東海道本線・北陸本線「米原駅」、JR 北陸本線「長浜駅」、北陸自動車道「米原 IC、長浜 IC」、国道 8 号 21、303 号、365 号

比良山系
-八雲ヶ原湿原-
（滋賀県）

奈良県高市郡高取町

謎に包まれた日本一の山城

日本三大山城（ほかに備中松山城、標高が最も高い美濃岩村城）の中でも「日本一の山城」といわれる高取城は、実は謎が多い城である。南北朝時代、大和源氏の流れをくむ地元の豪族・越智《おち》氏の手で南朝方の城として築かれた。

ところが大和はなかなか治めにくいところであった。有力寺院の荘園が多く、天皇家や公家と結びつき、僧兵という独自の武力を持っていたことが考えられる。そこで越智氏はゲリラ戦法で高師直《こうのもろなお》勢に打撃を与えようと企て、ひとつの策として家臣に竹の栽培を命じた。

竹の子は塩漬けにして籠城に備え、竹の皮は敵が侵入した際に城外の急坂に敷き詰めてこれを防ぐ。天然の要塞を巧みに利用することを考えたのだった。

元亀元年（一五七〇）には越智氏の惣領《そうりょう》の民部少輔《みんぶのしょう》はここを拠《よ》りどころとしていたし、天正十一（一五八三）には玄蕃《げんば》がここで死んだという記録もあり、越智氏の本城がここ高取城であったことがわかる。

玄蕃が死んで二年後、豊臣秀吉が郡山城に入り、高取城はその詰城となって本格的に構築された。大天守、小天守、櫓数二十七、門三十三、堀の長さ二千九百メートル、複雑な石畳の上に近世山岳城として威容を誇った。

大和を支配した豊臣秀吉は本多正武を高取城主としたが、慶長五年（一六〇〇）に徳川家康は本多俊政を城主に推した。そして寛永十七年（一六四〇）には植村家政の入城となって二万五千石を領した。現存する二ノ門、三ノ門、国見櫓、本丸の石畳、城壁などはいずれも植村氏が築いたものである。以来十六代、譜代大名として二百年余、明治六年（一八七三）、版籍奉還により難攻不落の名城は歴史の幕を閉じた。

「たつみ高取雪かとみれば　雪でござらぬ土佐の城」

大和盆地から高取城を望んで唄ったわらべ歌のひとつである。

【大和国】畿内の一国で、現在の奈良県。奈良時代までは都が置かれていた。平安時代以降も奈良は南都と称され、鎌倉、室町時代も幕府の勢力が及ばなかったという。

【高取城】高取の南方山地にあり、南北朝時代以降は越智、本多、植村氏の城砦であった。城には白漆喰塗りの天守や櫓が建てられ、城下より望んで「芙蓉城」と呼ばれた。高石垣などの遺構は現在もほぼ完全に残り、「高取城跡」として国の史跡になっている。（問い合わせ：高取町観光協会／電話 0744-52-1150 ）

【交通】近鉄「壺阪山駅」、西名阪自動車道「郡山 IC」「柏原 IC」、南阪奈道路「葛城 IC」、国道 24、165、169 号

子嶋寺の表門
(高取城大手口二ノ門)
高取町(奈良県)

大峯山麓、天河の大自然にふれて

山深い天河《てんかわ》は、緑と水のエネルギーが満ちあふれていた。

天川村は奈良県の真ん中あたり、紀伊山地の霊場と参詣道の修験の山「大峯山」の麓にあった。千三百年ほど前、役行者が大峯山で修験道を開き、吉野がその根本中堂となった。

桜の木に蔵王権現の像を刻んで祀って以来、桜の神木として伐ることを禁じたのが花の吉野のはじまりといわれている。人々は桜樹を大切にし、また献木も多い。天正七年（一五七九）、大阪平野の郷士が桜樹一万本を寄進した。一つの信仰が桜の山を長い歳月をかけてつくり上げたのだ。

吉野は桜の名所だけでなく、「四季の吉野」である。花の散ったあとの青葉の色の美しさ、紅葉も燃える赤から朱、金茶、桃色――。自然は神秘的な色の変化を見せてくれる。全山の紅がその山肌ごとに日々色と趣を変えていく。

大峯山の登山口・洞川《どろかわ》にある龍泉寺は、真言宗修験総本山醍醐寺の大本山で大峯山寺の護持院である。

千三百年前、大峯の山々を行場として修業した役行者が湧き出る泉を発見し、これを龍の口と名づけ、そのほとりに小堂を建て八大龍王をお祀りしたのがはじめとされる。裏手の森には、吉野の豊かな自然が深い森となって続いている。

洞川から大峯山を登る修行者は水行した後、八大龍王尊に道中の安全を祈願する。

龍泉寺の護摩祈禱所で、祈禱を受けた。弘法大師により伝えられた真言密教秘伝の修法である。

不動明王は、大日如来が姿を変えて現れた仏といわれる。煩悩を許さないぞと、鬼のような怖い形相ながら、しかし優しく導いてくれると信じられている。

真言を誦し、行者と火炎と本尊が一体となり、不動明王が背負う炎のようにゆらゆらと形を変え、災いを焼き払って願いを成就してくれると信じられている。

【天川村】紀伊山地の脊梁である大峰山脈の山々がそびえる、奈良県の中央部南に位置する。大峰山は世界遺産「紀伊山地の霊場と参詣道」を構成する、修験道の聖地である。
【大峯山龍泉寺】全国修験道の根本道場として信者らが必ず訪れるという。境内に大峯山中第一の水行場がある。八大龍王堂は近畿三十六不動尊第三十一番の札所。（問い合わせ：大峯山龍泉寺／電話 0747-64-0001）
【交通】近鉄「下市口駅」、奈良交通バス「洞川温泉」

天河村洞川
（奈良県）

天狗の山の夜を焦がす火祭

ここは京都洛北《らくほく》。上賀茂から丹波へ通じる鞍馬街道は鞍馬川沿いに開けた集落で、やっとの思いでたどり着いた。

十月二十二日、午後六時になると、「サイレヤ、サイリョウ」（祭礼や祭礼の意）「神事にまいらっしゃれ」という神事触れを合図に、鞍馬の里の家々に篝火《かがりび》が焚かれた。

午後九時ごろには、大きさ四メートル、重さ百キロほどの松明が数百、由岐《ゆき》神社に集結し、火の粉を散らして燃え上がる。石段奥の注連縄《しめなわ》が切られて二基の神輿《みこし》が下がる。神輿の後ろに鎧武者《よろいむしゃ》が乗り、町の乙女が綱を引く。山門の石段で二人の青年が神輿の先の担い棒に逆さ大の字にぶら下がる勇壮なものである。

天慶三年（九四〇）、平安京の内裏《だいり》に祀られていた由岐明神が、世情不安を鎮めるために都の北方の守護として鞍馬に遷された。

鴨川にはえていた葦を篝火として点灯し、遷宮の行列は一キロにも及んだといわれている。その出来事と由岐神社の霊験を伝えるため、鞍馬の住民は千年以上にわたって火祭行事を執り行ってきたのである。

この地に伝わる「鞍馬天狗」の話も有名である。父を討たれた牛若丸が母の常磐と逃げのび、八歳のとき鞍馬山の寺に預けられ、山に棲む大天狗をはじめ高雄、愛宕の天狗に武芸を教わった。打ち負かした武蔵坊弁慶が、一番忠実な家来となったことはよく知られている。

天狗は古くから山岳信仰と関わりがあり、修験者が守護神としていた。しかし中世以降、山伏の堕落もあり、天狗は妖怪や魔物と見られるようになる。羽団扇《はうちわ》を持って空を飛び、漆黒の闇に潜む魑魅魍魎の類として恐れられるが、鞍馬山の大天狗は僧正坊と呼ばれ、日本各地の天狗たちの総元締めといわれてきた。木の根道が続く奥の院の大杉権現、不動堂、魔王殿のある僧正ヶ谷は、天狗の総本山である。

火祭が終わると、鞍馬周辺は秋が深まり、色とりどりの紅葉を見る季節となる。

【由岐神社】鞍馬本町にある神社で、鞍馬寺の鎮守社である。都で大地震や天慶の乱が起きた際、祭神を宮中から鞍馬の地に遷して北方鎮護としたのが神社の起源とされる。
【鞍馬の火祭】日本三大火祭、京都三大奇祭の一つといわれる、由岐神社の例祭。由岐大明神を京都御所から鞍馬へ遷宮した時の、行列が長さ10町にもわたったようすを伝える。祭事は例年10月22日夜に行われる。（問い合わせ：由岐神社／電話 075-741-1670）
【交通】叡山電鉄鞍馬線「鞍馬駅」、名神高速道路「京都南 IC」「京都東 IC」、京都バス「鞍馬」

鞍馬の火祭
(京都府)

六道の辻はこの世とあの世の境

六道珍皇寺《ろくどうちんのうじ》は東山阿弥陀ヶ峰（鳥辺山《とりべやま》）山麓一帯に住んでいた鳥辺氏が建立した寺である。

六道とは、仏教の教義で地獄、餓鬼、畜生、修羅、人間、天道の六種の冥界のことで、人は因果応報により死後はこの六道を輪廻転生するといわれている。

この六道の分岐点がこの世とあの世の境の辻で、この寺の境内あたりが冥界への入口と信じられてきた。

真言宗珍皇寺は、中世の兵乱に巻き込まれ荒廃することになり、南北朝期の貞治三年（一三六四）、建仁寺《けんにんじ》の住持《じゅうじ》であった聞渓良聡《もんけいりょうそう》により再興、改宗された。

墓所の鳥辺山の麓で、六道の辻と呼ばれた京の東の葬送の地であったことから、生死の界（冥界への入口）で、盆に冥土から帰ってくる精霊たちは必ずここを通るものとされてきた。精霊たちは、槙《マキ》の葉に乗って冥土から帰ってくる。

その精霊を迎えるために「迎え鐘」を撞《つ》くと、その音響が十萬億土の冥土にまで届くと信じられ、亡者はその響きに応じてこの世に呼び寄せられるという。

京都では八月の十三日から十六日、五山の送り火に終わる盂蘭盆に、各家で先祖の霊を祀る報恩供養が行われるが、その前には八月七～十の四日間に精霊を迎えるため珍皇寺に参詣した。

珍皇寺には小野篁《おののたかむら》（八〇二～八五二）にまつわる不思議な伝説がある。

小野篁は文武両道に秀で、学者、詩人、歌人としても知られているが、不羈《ふき》な性格で奇行が多く、遣唐副使に任じられたものの遣唐使とうまくいかず、嵯峨上皇の怒りにふれて隠岐に流されてしまう。また、閻魔王宮の役人で、昼は朝廷に出仕し、夜は閻魔庁に勤めていたともいわれる。

珍皇寺本堂の後ろには小野篁公が冥土通いに使ったという井戸が発見され、「黄泉《よみ》がえり之井」として保存されている。

【六道の辻】鳥辺野は平安京の御代にあった東の墓所である。珍皇寺はそこへ至る道筋にあり、ここで野辺送りがされていた。そのため中世以来、冥土への通路たる「六道の辻」として知られるようになった。
【六道珍皇寺】京都では五山の送り火の盂蘭盆が有名であるが、その前に精霊を迎える「六道まいり」としてこの寺に参詣する。今なお受け継がれる京の盆の精霊迎えの風習は、京洛の夏の風物詩である。寺は「六道さん」と親しまれ、山門前に六道の辻の碑がある。（問い合わせ：六道珍皇寺／電話 075-561-4129）
【交通】京都市バス 80 番「清水道」、京都市バス 206 番「清水道」、京都市バス 207 番「清水道」

六道珍皇寺
（京都市）

兵庫県朝来市和田山町竹田

山頂に石垣群の残る竹田城

城とは弥生時代、財産や米を守るためのものとして始まったが、戦国時代には軍事拠点となり、城主の軍事力を見せつけるものになった。竹田城は、兵庫県朝来《あさご》市の古城山（標高三五三・七メートル）の山頂に築かれ、敷地の広さ千八百四十三平方メートル。複雑に曲がりくねった石垣は穴太《あのう》積みといわれ、安土城や姫路城と同じ積み方である。階段状に連なる堅固な山城で、各曲輪《くるわ》に仕切りの石塁《せきるい》を作り、直進できないように工夫されていた。

縄張りは、中央に天守台、周囲に高見殿（本丸）、平殿、奥殿、花殿とあり、「南千畳」「北千畳」と三つの郭《くるわ》が羽根を広げたように配置されていた。

現在は石垣しか残っていないが、城のすべてが高石垣によって築かれ、石材は近くの山から集めた花崗岩が使われた。最も大きいもので五トンあるといわれ、見事な景観を作り出している。

築城は嘉吉《かきつ》元年（一四四一）で、山名持豊《もちとよ》（宗全）といわれている。戦国時代には太田垣氏の居城となり、以後、羽柴氏、桑山氏が入城し、豊臣秀吉は大坂城防衛の要として赤松広秀に命じて築かせた。

しかし広秀は慶長五年（一六〇〇）、関ヶ原の戦いで西軍につき、後に東軍に寝返ったことで家康から切腹を命ぜられ、竹田城も廃城となった。

高倉健が刑務所の指導教官を演じた映画『あなたへ』の中で、竹田城は雲海の中にあった。円山川《まるやまがわ》から立ち上る霧によって生じるもので、昼と夜の温度差が大きいときに深い雲海になる。九月から十二月、条件が揃ったときに現れる現象で、「天空の城」とは、まさに言い得て妙である。

険しいけもの道を息を切らせて登り、城へいたる。

天守台の石垣の上で、吹き飛ばされそうになりながらも足に力を入れて踏ん張る。小雪が、目の前の景色がぼんやりとするほど谷底から舞い上がってきて、石垣にふわっと美しい雪の結晶を張りつかせていた。

【和田山町】かつて兵庫県の南但地域の中心にあった町。兵庫県北部は「但馬」と称し、それが二分され「北但」と「南但」と呼ばれた。平成 17 年に山東町、朝来町、生野町と合併して朝来市となった。
【竹田城跡】廃城から約 400 年余を経ても石垣がほぼ完存する日本屈指の山城城跡である。虎が臥せているような縄張りで「虎臥城」の異名を持つ。現在では晩秋の雲海に包まれた姿から、「天空の城」「日本のマチュピチュ」とも呼ばれる。（問い合わせ：情報館　天空の城／電話 079-674-2120）
【交通】JR 播但線「竹田駅」、北近畿豊岡自動車道「和田山 IC」、播但連絡自動車道「和田山 IC」

竹田城
(兵庫県)

ミツマタの木が自生する間伐の成果

岡山県の最北端、兵庫、鳥取との県境に位置する西粟倉村は、面積の約九五パーセントが山林で人口は千四百人ほど。吉野川流域に集落を形成している。

「平成の大合併」の折には、町村合併を拒む。「自立した村づくり」を目指し、森林や水など豊富な資源を村に還元する「百年の森林《もり》構想」を全面に打ち出した。

森林を守ることは、何も手を加えないことではない。見守るだけでは森林は守りきれないし、手入れされなくなった森林は荒廃していくばかりである。

古来、山里の民は森と水の深いつながりを知り、手を入れながら大切に守ることで豊かな恵みを得て生きてきた。人々は水の源である森と山とを崇拝し、湧き出る水で田畑を潤し、作物を大切に育ててきた。

一九五〇年代には国内建材の需要が高まり、天然材を伐採し、その後に収益性の高いスギやヒノキを人工的に植林するなど、西粟倉村は林業に支えられた村でもあった。

しかし社会情勢が大きく変わり、海外から輸入材などを安く調達できるようになり、林業が立ち行かなくなった。大量に植林して森を守ったその恵みが拒否され、置き去りにされてしまったのである。その結果、森林は荒廃を重ねてしまった。

そんな中で生まれたのが「百年の森林構想」で、森の恵みを活かして村を再興しようというわけだ。

その熱意が内外に伝わり、多くの若者が西粟倉村に移り住むようになったという。

森の環境保全に間伐《かんばつ》は欠かせない。間伐をすると、森自体が明るくなり、低木で和紙の原料になるミツマタが自生してきた。これは日本銀行券の紙幣の原料として使われる大切な木である。

春には黄色い花房が年ごとに数を増やし、森に彩りを添えている。

【ミツマタ】枝が必ず３つに分かれるためこの名を持つ。３月から４月頃、枝先に黄色の花を付け「ミツマタの花」は仲春の季語とされる。古来、和紙の重要な原料であり、日本人に関わりの深い植物である。
【百年の森林構想】西粟倉村は面積の約 95% が森林だがその 84% は人工林。森林を適切に管理すると共に加工事業等を展開し、地域経済に繋がる経営を行う試み。（問い合わせ：西粟倉村役場／電話 0868-79-2111）
【交通】智頭急行智頭線「西粟倉駅」、鳥取自動車道「西粟倉 IC」、阪神高速道路 11 号池田線「福島 IC」、国道 373、179、374 号

ミツマタの再自生
（西粟倉村・岡山県）

鳥取県東伯郡三朝町

役行者の修業した岸壁の窟

鳥取といえば、大きな袋を肩にかけた大黒様が悲惨な白ウサギを助けた神話が思い浮かぶ。この「因幡の白兎」ゆかりの白兎《はくと》海岸や面積千五百ヘクタールに及ぶ広漠な鳥取砂丘は、いずれも千代《せんだい》川が中国山脈から運んだ石英砂を、日本海の荒波が再び陸に打ち上げたことでつくられた。その砂も、北西の風を受け絶えず移動する。

県内の中央部を流れるもう一本の川が天神《てんじん》川、倉吉市を経て日本海に注ぐ。この天神川が川幅を狭めるあたりに三朝《みささ》温泉がある。

温泉の東約八キロのところに三徳《みとく》山はあった。慶長三年（七〇六）、役行者によって開山され、以来、山岳仏教の霊場として栄えた。

修験道とは、仏を信仰している仏教のようであり、神も祀っているので神道のようでもあり、道教や陰陽道のようでもある。山の中で何やら謎の修業をしている不可解な宗教のようなものである。

役行者は、金山探しをしたり、薬草を求めて山に入り、協力者としての山人や、土俗信仰、シャマニズムなど、超人的で神変不可思議な背景をもたらした。

山頂近くの大岩窟の奥の院投入《なげいれ》堂は、標高五〇〇メートルの山の断崖をくりぬいたような岩の窪地にあった。

登山する人は皆、受付で入山の許可をもらい、「六根清浄」と書かれた輪袈裟をかけて登り始める。

六根清浄とは、神道の祝詞であるが、仏教教典のお経の祝詞のようでもある。六根（眼、耳、鼻、舌、身、意）から入ってくる思いを簡単に解釈しないで、天、地、万物が一体となれる境界を体得するとても大切な修業といわれている。

張り出した木の根や岩を足がかりに登っていく。岩石の断崖をよじ登ると、岩場に文殊堂、地蔵堂、鐘楼堂と続く。馬の背とよばれる足場の悪いところを鎖に助けられて登る。ただ一心に登ることに専念するしかなかった。

観音堂の真っ暗な裏側を壁伝いにすり抜けると、高い岩山に窟が見える。役行者が、この般若窟で修業したとされている。

【三徳山投入堂】三徳山に鎮座する天台宗の古刹、三徳山三佛寺の奥院。修験道の修行の場でもあり、断崖絶壁の窪みに建てられている。役行者が法力で仏堂を投げ入れたとの伝承がある。（問い合わせ：三徳山三佛寺／電話 0858-43-2666）
【役行者】修験道の開祖として崇められており、役小角が本名といわれる。『続日本紀』や『日本霊異記』などにその名が見られ、数多の逸話に彩られた行者である。
【交通】JR 山陰本線「倉吉駅」、中国自動車道「院庄 IC」、米子自動車道「湯原 IC」、国道 179 号

三徳山投入堂
（鳥取県）

神と人との御食宴「青柴垣神事」

太古の昔から人々は祝祭の場で神や精霊の存在を信じ、メッセージを聞こうとしてきた。決して姿を見せない神もいれば、祟りという荒ぶる神もいる。

祭りとは、訪れた神と人々が向き合う場で、どのようにして神を迎え、どのように帰すかは、信仰の秘密や文化の違いによりそれぞれに異なっている。見えない神を見える形にするために神懸かりが必要となり、仮面や異相の精霊たちが出現するのである。

青柴垣《あおふしがき》神事が行われる美保神社のある美保関は、中世末から近世にかけて日本海沿岸を往来する交易船により賑わった。そして美保神社の祭神事代主命《ことしろぬしのみこと》（恵比寿様）が鎮座している。古く国引き神話によって誕生したとされ、今も神話が息づいている。

事代主命が大国主命（大黒様）から国譲りの相談を受け、譲ることに決めた後、その責任を取って自ら海中に青い柴垣を作ってお隠れになったという「国譲り神話」を再現したのが四月七日、前後十日間にも及ぶ青柴垣神事である。

神事の主役となる頭屋《とうや》は、一年交代で氏子の代表がなり、この神事の際も前日から美保神社の社殿に籠って物忌潔斎、断食と、神懸かかった状態で神事に臨む。

二間四方の囲いを設け、四隅の柱に榊を立てた青柴垣を飾った二艘の船に頭屋夫婦を乗せ、笛や太鼓を賑やかに鳴らす中、港内を一周する。

榊船から上陸し、神社へ帰殿するときは、白いかつぎをすっぽりとかぶり、人ならぬものの様相を呈している。

一同が下船したあと、見物人は海上安全や商売繁盛にご利益があるといわれる榊や注連縄、飾り物を争って取り合う。

頭屋が神社拝殿で「奉幣の儀」を済ませると、頭屋は生き神から人間に戻るのである。

【美保関】神が造った聖地とされる島根半島の東端にあり、古くは「御大之御崎」と称された。昔から海上交通の関所で、諸国の船が行き来する風待ちの港であった。
【美保神社】美保関の海近くに座す、全国のえびす社の総本社。『出雲国風土記』や『延喜式』に社名が記される古社である。船人からの信仰篤く、安全祈願などで数多の楽器が奉納された。特殊神事の青柴垣神事と諸手船神事が有名である。（問い合わせ：美保神社／電話 0852-73-0506）
【交通】JR 堺線「境港駅」、美保関コミュニティバス「美保神社入口」、県道２号

青柴垣神事
（島根県美保関町）

精霊送りのシャーラ舟

島根県隠岐、西ノ島の美田、浦郷地区に残るシャーラ舟（精霊船）流しは、八月十六日の早朝、各家庭の仏様に祀られていた塔婆をシャーラ舟に積み込み、日本海に流すお盆の行事である。

木や孟宗竹を骨組にして、船体は麦わら、稲わらで作られる。船の中央には帆柱を立て、帆柱から前後左右に縄を張って、各戸や墓地から集められた色とりどりの盆旗が結びつけられ高く掲げられている。その素朴な姿は、寂しげながらも華麗さを持っている。

シャーラ舟は、昭和初期頃から大きな船を造るようになった。本体は八メートルほどもある。北前船を模しているが、エジプトの太陽の舟に似てもいる。

若者五、六人が乗れるような大型の精霊船には野菜や果物などのお供えが載せられて、子どもたちによって沖へと流されていく。人々の祈りと感謝の気持ちをいっぱいに積み込み、鐘や鈴を鳴らしながら僧侶の読経が続く中、船は曳き船に引かれ岸壁を離れていく。

盆には、子どもや孫たちが郷里に戻ってくる。シャーラ舟は、祖先の霊を送るというだけでなく、過去、現在、未来をつなぐ大事な役目を担って、人々の願いや祈りを乗せ、常世の国へ旅立つと信じられている。

多くの年中行事は、古く中国伝来のもので、日本に入って、宮廷から民間へ広がったといわれてきたが、日本における年中行事は、ごく普通の生活を送ってきた人々の必要から行われるようになったと、民俗学は説明している。

日本における民俗学の開拓者は柳田國男であった。民俗学の対象は広いが、研究成果によって行事の中には、暦とともに受け継がれているものも多い。そして中央から遠い地方ほど今日に至るまで、古い姿そのままに残されている。

岸を離れたシャーラ舟の周りには、見送る小舟が取り巻き、別れを惜しむ。久しぶりに帰省した家族、精霊との区別なく、再会を願う惜別の情は、時空を越えて心に沁み入るものであった。

【西ノ島町】隠岐諸島の西ノ島にある、隠岐郡内では隠岐の島町に次いで２番目に大きな町。全国で行われているシャーラ船が、西ノ島町では独特の姿で受け継がれている。
【シャーラ船】シャーラとは精霊、つまり先祖の霊のことである。盆に迎えた先祖の霊を、船に乗せて送り出す伝統行事で、毎年８月16日に行われる。平成16年に「隠岐西ノ島のシャーラブネ」として国の選択無形民俗文化財となった。（問い合わせ：西ノ島町役場／電話 08514-6-0101）
【交通】隠岐汽船旅客フェリー、高速旅客船「別府港」（問い合わせ：隠岐汽船／電話 08512-2-1122）

シャーラ舟
（島根県西ノ島）

島後三代祭りのひとつ「御霊会風流」

「隠岐惣社 玉若酢命《たまわかすみこと》神社」御霊会《ごれえ》と呼ばれる、神馬の勇壮な「馬入れ神事」「流鏑馬」が毎年六月五日、厳かに行われる。隠岐島後三代祭りのひとつである。

昔は島前九座、島後七座から一番目に神馬に御幣、二番目に巫女、三番目にその神社の宮司を乗せて四十八頭が参集したといわれるが、現在は島後の八地区の神馬八頭が総社を目がけて駆け上がってくる。

二日の夕方から「別火《べっか》」「潮垢離」の厳しい潔斎をし、神馬となる馬の世話をするのだ。

祭り当日、下西、西郷、原田、有木、大久、東郷、飯田、加茂の八地区は、それぞれの禊をさせた馬の鞍に御幣を立て、別に神輿も仕立てて道楽《どうがく》を奏しながら総社へ参集する。馬入れの後、神社から神輿を出して御旅所まで神幸を行い、その場で田植え神事と流鏑馬が行われて祭事は終わるのである。

この神社は隠岐郡隠岐の島町にある式内社で、祭神は景行天皇が隠岐に派遣した皇子・大酢別《おおすわけ》命の御子。隠岐島開拓の神だと社伝はいう。境内の背後に、若狭の国から渡ってきた八百比丘尼《はっぴゃくびくに》が植えたという樹齢二千年を超える八百杉があり、奥に拝殿がある。

玉若酢命神社の宮司・億岐《おき》家は、大化の改新以前の七世紀初め、大和朝廷より任命された地方官最高の役職「国造」の家柄であった。

平安時代の末期ごろ、中央政府派遣の国司が隠岐島一国の神々を巡拝し、島中の諸々の神をここに勧請したことから「総社」といわれた。

神亀元年（七二四）、隠岐が「遠流《おんる》の島」と定められて以降、後鳥羽上皇、後醍醐天皇、小野篁、文覚上人など三千人以上が流された。都から中国山地の難路を越え、風待ちして海を渡り、二カ月も要した隠岐の島へ、のちに山口誓子が訪れて詠んだ句碑「天高く遠流の島をとびて来し」が空港に建てられている。

隠岐の島町は国境の町でもあった。

【隠岐島後三大祭り】「御霊会風流」「武良祭風流」「水若酢神社祭礼風流」の３つで、「御霊会風流」以外は２年に１度行われる。隠岐島後三大祭りはすべて県指定無形民俗文化財となっている。
【玉若酢命神社】隠岐三大神社の一つ。隠岐国の総社で惣社大明神とも呼ばれる。現在の本殿は隠岐で最古となる寛政５年（1793）の建築で、隠岐造りという隠岐独特の建築様式。「御霊会風流」はこの神社の例祭である。（問い合わせ：玉若酢命神社／電話 08512-2-0571）
【交通】隠岐一畑交通バス「玉若酢命神社前」

奉納
玉若酢命神社
玉若酢命神社
御霊会
（島根県隠岐島後）

夢告げで掘り出した黒こげの六地蔵尊

童謡「みてござる」の歌詞に「村のはずれの　お地蔵さんは　いつもニコニコ見てござる――」とある。

お寺の境内や野山の道端にあるお地蔵様は、庶民にとって一番親しみある仏様だ。大地に多くの恵みがあるように、万物が育成するように。持てる福徳をすべての者に分ち与えてくれるという意味で、長寿延命や夫婦和合、子孫繁栄、福徳増長のパワーを秘めているようだ。

地蔵尊は左手に持った如意宝珠で一切衆生の願いを満足させ、錫杖《しゃくじょう》は野や山、いたる所で慈悲の心を持って厄災を祓うといわれている。

六体並んで祀られているものを「六地蔵」と呼ぶ。仏教の説く「六道輪《りん》廻《ね》」の六道とは、『地獄道』『餓鬼道』『畜生道』『修羅道』『人間道』『天道』である。

地獄と天とでは、レベルも救うための力も違う。気の遠くなるような苦しみの地獄道に対応するのは、もっとも強い威力をもつ尊像で右手の上座にあり、あとは左側に向けて順に並ぶ。

阿讃《あさん》山脈の麓ののどかな新目《しんめ》の里に、作家・生駒忠一郎の生家「報恩寺」がある。舗装された一本の道路と、時折エンジン音を響かせて走り去る車を除けば、今も昔と変わらぬ風景のままである。

この寺に伝わる「六地蔵尊由来書」によれば、

「抑々《そもそも》此新目の石像の六地蔵尊は何れの御作と言う事を知らず。木竹いぶ志く生ひ茂り苔にむされて唯一体を現はれさせ給う。往時享保十五年秋九月十七日、地主なる三四郎時疫を病んで命終り玉ふ。翌年六月五日夜其霊験存生の姿似て……夢となく現となく告げ給ふ……此の四ツ辻の椋の本に地蔵尊像六体埋もれて在します……」

戦国の時代、長曽我部の阿波、讃岐の侵攻により焼き討ちされたものらしい。焼けこげた石像が六体、報恩寺本尊阿弥陀如来像の脇侍仏の代わりに堂宇に安置されている。

歴史にことのほか関心が強かった作家が、この寺に関係のある「生駒」の名を選んだことはうなずける気がした。

【まんのう町新目】新目は古くからの地名。江戸期は那珂郡西七箇村に属す村で、明治期に十郷村の大字となり、昭和 30 年には仲南町となった。平成 18 年からまんのう町となるも、大字名として今に残る。
【六地蔵】六道とは仏教用語で、死んだ後にその生における善悪の結果として衆生が赴く 6 種の世界。六道のそれぞれにあって衆生を救う、6 体を並べて祀ったのが六地蔵である。全国各地で見られる。
【生駒忠一郎】本名は川田正。作家、放送作家。著書に『二宮忠八・伝』『バガン平原の白いトラ』等がある。
【交通】（報恩寺）JR 土讃線「黒川駅」、県道 202 号

六地蔵尊由来
報恩寺の六地蔵尊
（まんのう町、香川県）

和紙、木蝋で栄えた内子の町並み

内子《うちこ》は愛媛県南予の内子盆地にあり、古代から伊予国の和紙や木蝋の生産地として、また大洲と松山を結ぶ街道の要衝として地域の重要な拠点となったところである。いまも繁栄の名残がまちのあちこちに残り、往時の暮らしぶりを垣間見ることができる。

約六百メートルにわたって続く緩やかな坂道の両側には、江戸から明治、大正時代にかけて建てられた商家や町家が百二十軒ほど並んでいる。家々には懸魚《けぎょ》、鏝絵《こてえ》、出格子《でごうし》、虫籠窓《むしこまど》、海鼠壁《なまこかべ》など手の込んだ意匠が施されている。

淡い黄色と白い漆喰の大壁、坪庭のある町屋、川の堰から田に水を引く水車、屋根付きの橋など美しい町並みを歩くと、ひと昔前の地場産業がそのままに揺れる和蝋燭の提灯に照らされて百五十年の伝統を受け継ぐ蝋燭店がある。溶かした蝋を手ですくって芯に塗り重ねる手仕事や、和ろうそく用に千度に熱した鋼材をハンマーで叩いて形を作る鍛冶作業などが見せてもらえる。

木蝋はハゼノキの実から搾り出した植物油を精製し乳白色になった「晒《さらし》蝋」「白蝋」のことで、鬢付《びんつ》けや艶出し、口紅などの化粧品に使われた。明治三十年代、内子町は全国の木蝋生産の三〇%を占めていた。

日本髪や力士の鬢付け油で知られているが、今から百年ほど前、上芳《かみが》我家《がけ》初代の弥三右衛門は、手洗水《ちょうず》にたれる油のしずくからヒントを得て「伊予式蝋花箱晒法」という、良質の晒蝋を生み出す技法を考案したという。

千三百坪の敷地には母屋や炊事場、産部屋や釜場など十棟が建ち並んでおり、蝋を「ロウダメ」と呼ばれる木製の箱に蝋花を入れて天日に晒す作業が見られた。

地元の土を使った黄味おびた白漆喰の土壁があり、隣家との間に幅一メートルほどの路地空間「せわだ」や水路、溝「いでご」が残り、人々の暮らしに役立っている。

【内子町】愛媛県のほぼ中央、松山市の南西にある町。かつては全国一の木蠟の生産地だった。地域には江戸時代後期から明治時代にかけて木蝋業で栄えた頃の面影が残り、伝統的な造りの家々が今も見られる。
【伊予式蝋花箱晒法】生蠟を融かして水に入れ、できた蠟花を木箱で晒す、従前に比べ格段に効率的な技法である。現在、「木蠟資料館上芳我邸」に当時の出店倉など住宅と生産施設が保存整備されており、内子の木蝋業最盛期のようすを知ることができる。（問い合わせ：木蠟資料館上芳我邸／電話 0893-44-2771）
【交通】JR 予讃線「内子駅」、国道 56 号

和紙・木蝋で栄えた
内子の街並
（内子町・愛媛県）

熊本県熊本市中央区

十世紀から伝わる肥後の秋期例大祭

　第十五代・応神天皇は筑紫の国に生まれ、朝鮮半島への出兵や東国平定を成し遂げ、大和朝廷に繁栄の基礎を築いたことで知られる。また、熊本市域の総鎮守・藤崎八幡宮の祭神として信仰を集めている。京都の石清水八幡宮の分霊といわれ、九州の石清水五所別宮の一社でもある。鎮座のとき、勅使が馬の鞭として使っていた石清水の藤の枝を地面に刺したところ、芽を吹き枝葉が生えたので「藤崎」と名がついたと伝わる。

　九月第三月曜日までの五日間に行われる秋期例大祭は「放生会《ほうしょうえ》」「随《ずい》兵《ひょう》」「飾り馬」の奉納行事である。

「放生会」とは、中国で始まった「殺生禁断」の仏教行事で、鳥や魚を野に放していた。しかし明治の神仏分離令で途絶え、今では名をとどめるだけである。

「随兵」は、加藤清正が遠征から無事帰還したことを神前に感謝し、自ら随兵頭となって兵百人を引き連れて藤崎宮の神幸式に供奉したのが始まりと伝えられる。神の御旅所への移動である神幸の行列は、日本全国にある八幡宮の総本山・宇佐八幡宮の行事が起源といわれる。

　朝の神幸を朝随兵、夕の神幸を夕随兵といい、出陣、帰陣を表現している。

　四基の神輿、獅子舞、独特の楽と舞、おびただしい馬と勢子が駆け抜ける一瞬――。人々は荘厳華麗な雰囲気に時を忘れ、興奮の渦に包まれていく。

　以前は囃子言葉の「ボシタボシタ」から「ぼした祭り」の通称で親しまれていたが、民族運動の抗議などにより囃子言葉も掛け声も表現することが禁じられてしまった。一九七〇年の万博の出場もとりやめた経緯がある。

　柳田国男は「祭りは繰り返される囃子声がいつまでも耳に残り、何人もこの一語によって祭り全体の雰囲気を思い浮かべることができる」と述べているが、私も大らかな気持ちで祭りに溶け込み、時を忘れて壮大な絵巻に酔いしれた。

　祭りの幕が降りる頃には、天空に月が冴え渡っていた。

【熊本市】九州のほぼ中央に位置し、かつては肥後国府も置かれた。現市街は熊本城城下町を基礎にしている。
【藤崎八旛宮】市街地の北東に鎮座する、「熊本大鎮守」とも称される神社。平将門の乱の際に国家鎮護の神として、朱雀天皇の勅願で山城国（京都）石清水八幡大神を勧請し創建。秋に行われる例大祭は肥後国第一の大祭といわれる。（問い合わせ：藤崎八旛宮社務所／電話 096-343-1543）
【交通】熊本市電「水道町電停」、九州自動車道「植木 IC」「熊本 IC」「益城熊本空港 IC」、産交バス「藤崎宮前」、国道 3 号

藤崎八旛宮
本殿と申殿
(熊本県)

奥日向の山里に伝わる臼太鼓踊

宮崎県の山岳地帯に位置する西都市《さいと》は、農林畜産業が盛んな人口三万人ほどの町で、律令期には日向国の中心として栄えた。

臼太鼓踊の起こりについて、記録ははっきりしていないが、天正時代にはすでにあったと伝えられる。

米良《めら》の領主・主膳重鑑《しげかね》は天正二年（一五七四）六月末日、出陣の途中、家臣に射られ、吾が身の武運はつきたと自刃した。悲報を受けて奥方も懐剣を胸に刺した。

その後、米良山に疫病が蔓延し火災が頻発したため、重鑑夫婦の祟りだとして供養を始めた。墓前で臼太鼓を踊って供養したので禍はなくなり、今に至るまで続けられている。臼太鼓踊は銀鏡《しろみ》神社の新嘗祭（十一月二十三日）に行われる。

十五人の鉦と十人の太鼓で行われる。

鉦を演ずる人は紋付袴、背に鳥毛一本、田楽笠の周りに紙片をつけ、白足袋の武者草履を履き、左手に鉦、右手には叩く撞木を持っている。今も使われている鉦には、正保四年（一六四七）常陸大掾宗味作との銘がある。

太鼓は白衣に股立ちを取った袴、折編笠を被り、白足袋に武者草履、二本鳥毛を背負い首にかけた白紐で紋太鼓を腹部に吊るし、桴《ばち》を持って祖霊社の前で踊る民俗芸能である。

銀鏡《しろみ》は、自然豊かな山里である。娯楽の少ない山峡ではこうした踊りも楽しみであったが、年々村を離れる若い人が多くなり、また踊りも敬遠されがちとなった。しかし造林作業の始まりとともに、若者が村の歴史にも関心を持つようになり、今では昔から伝わる芸能の掘り起こしや臼太鼓踊の伝承に力を注いでいる。

焼畑、狩猟、神楽、自然摂取、民謡、芸能など、照葉樹林文化を残しているのはこの地域だけといわれている。神楽は日本の神道において神に奉納するために奏される歌舞で、特に十二月十四日の銀鏡神楽は五百年の歴史を誇る。

【日向国】国府、国分寺、国分尼寺は西都市の妻（つま）地区に置かれ、室町～戦国時代には地頭・伊東氏が西都市南部に都於郡（とのこおり）城を構えて本拠地とし、領国経営の拠点とした。
【米良山】15 世紀初め、菊池氏の末裔とされる米良氏が米良山 14 カ村の領主となり、江戸時代中期以降は、現在の西米良村小川にあった小川城（米良氏屋敷）を居城とした。米良山は元和年間に人吉藩の属地とされ、廃藩置県（1871）の際には人吉県となった。米良氏は明治維新後に菊池氏に改姓した。
【交通】ＪＲ「佐土原駅」、九州自動車道「西都 IC」より約 1 時間 20 分。国道 219 号

銀鏡(しろみ)に
伝わる臼太鼓踊り
(日向市宮崎県)

大自然が残る亜熱帯の島

西表島《いりおもてじま》は八重山諸島で一番大きな島（二百八十四平方キロ）で、その九〇パーセントが亜熱帯の原生林におおわれている。

沖縄本島から南西四百七十キロ、石垣島から二十八キロ、日本でも数少ない野生の島で、天然記念物や絶滅危惧種を含む珍しい動植物が今も生息する。

イリオモテヤマネコ、カンムリワシ、リュウキュウアカショウビン、サキシマキノボリトカゲ、ヤエヤマオオコウモリなど、二十世紀最大の発見といわれる動物たちに、突然出会うこともあるかもしれない。

島の内陸部には二つの大きな滝がある。

島で最長の浦内川と、マングローブが生い茂る仲間川がそれだ。ゆったりと蛇行する川の流域にはオヒルギ、メヒルギの群落、ヤエヤマヒルギ、マヤブシキも自生している。

マングローブは特定の木の名前ではなく、熱帯、亜熱帯地域で河口の汽水域に生育する植物を指す。根で呼吸できるように地面に根を張り出し、地上根は不思議な形をしている。

ニッパヤシやシダなどが茂った川を六・五キロほどさかのぼり、湿地や密林が続くあたりで足元を見ると、板根という板状の根が壁のように張り出したサキシマスオウノキだった。日本最大のもので樹齢は四百年という。

ヤエヤマヤシは西表島、石垣島にだけ見られる一属一種である。モダマは、エンドウマメのようなサヤが長さ一メートルにもなる常緑樹で、豆が十粒ほど入っている。

島の北側には、海洋性堆積物で星砂と呼ばれる有孔虫の殻が堆積した浜がある。

浅海の海底にいる原生生物は、成長するときすでに突起を持っており、死んだ殻は星や太陽をかたどったまま砂浜に散らばっている。小さな星砂を見ながら時を忘れ、しばしロマンチックな思いにひたった。

【竹富町】八重山諸島のうち、西表島、竹富島、小浜島、黒島、波照間島、鳩間島、新城島、由布島の有人島と、その周囲にある仲の神島などの無人島からなる。石垣島、与那国島、尖閣諸島は含まない。船便の路線が石垣島を起点としているため、竹富町役場は町外の石垣島（石垣市）に置かれている。
【サキシマスオウノキ】沖縄では、この板根をそのまま船（サバニ）の舵として使用した。樹皮は染料、薬用として使った。「サキシマ」は先島諸島（宮古列島と八重山列島の総称）のこと。
【交通】空港はなく、石垣島から高速船やフェリーの定期航路が中心。八重山観光フェリー、安栄観光など

サキシマスオウ
の木の板根
（西表《いりおもて》島、沖縄県）

日本歴史散策

まほろばの峠みち

静岡県浜松市天竜区、長野県飯田市南信濃

妖気漂う青崩峠

AOKUZURE

❖問い合わせ／遠山郷観光協会　電話 0260-34-1071（代表）

青崩峠《あおくずれ》は、遠江と信濃の国境を結ぶ天のかけ橋である。星が無数の氷柱をしたたらせる夜明け、天竜川の南の谷には虹が立ち、伊那谷の峰々には深い雲がわいていた。

静岡の天竜市から水窪《みさくぼ》を抜けて北へとたどる。山桜やドングリの枯れ葉が舞い、昼なお暗い山道である。

細い谷沿いの道を抜けると木地師の墓がある。埋もれかけた石畳を踏んで信玄腰掛岩を見ながら、青崩峠に出る。石畳の山路は、年輪の知れぬ深い茂みの中にあった。風化し、苔むした石仏の並ぶ峠の狭い広場の向こうは信濃側。ガレの崖がすさまじい姿で崩れ落ち、強い風が吹き上げていた。

信濃側からの山路は、奈落の谷底まで一気にそぎ落としたような青い山膚をよじるようにして上ってきており、峠に立って下をのぞくと寒気《さむけ》が襲ってくる。その道は、つい七、八十年前まで、遠江側からは海の産物、信濃側からは山の産物が行き交ったところである。

遠江への茶摘み女や、信濃への製糸女工、そして、火防の神の秋葉参りの信者が通う信仰の道でもあった。はるかな昔には、風林火山の武田信玄の兵がここを越え、三方ヶ原で怒濤となって徳川軍団を打ち破った。

夜明けの峠に立つと、残月の空には岩燕が舞い、原生の獣の匂う森には幻のように螢が舞い飛んでいた。

青崩峠の標高は一、〇八二メートル、今も昔日の郷愁の風が吹き通う所である。峠から青葉のなかの道をさらに上って行くと、兵越峠を眼下に、南アルプスの聖岳が圧倒的な力で迫ってくる。展望は四方に開けて南アルプスの主峰・赤石岳もせり出してくる。

国境の信濃側の基点は、天竜川沿いにかたまる天龍村である。深い谷底では空が狭く、瀬音が細々と響く。さっきまで立っていた青崩峠が、天の妖気の世界であったかのように思えた。

愛知県豊田市（旧足助町）

山の民の遥拝所だった伊勢神峠

❖問い合わせ／豊田市足助観光協会　電話 0565-62-1272

三河の海と信濃の山里を、塩の道がつなぐ。足助宿と稲武の中間にある伊勢神峠には、昔、伊勢神宮の遥拝所があった。

海と山の産物を中継した足助《あすけ》は、清和源氏を遠祖とする南朝の忠臣・足助次郎重範の本拠地でもあった。

元弘元年（一三三一）、後醍醐天皇を中心とした討幕の密謀を知った鎌倉幕府は、御所を囲もうとした。そこで天皇は奈良と伊賀の間の天険の地、笠置山に落ちのびた。

このとき、重範はいち早く駆けつけて天皇側の総大将となる。十倍の幕府軍を相手に一カ月近く奮戦して敵味方に勇名を馳せたので、太平記に「強弓を引く世に知れた剛勇の者」と賞賛されている。

足助一族は、町の背後にそびえる飯盛山の本城を中心に、四方の峰々に六つの支城を置いていた。本城には今、重範のころを模した素朴な城が復元され、先祖の墓も残されている。

江戸の世になるとこの地は、家康のふるさとである三河松平から、信濃や東美濃へ通じる重要な道・中馬《ちゅうま》街道の宿場になった。

伊勢神宮まで足を伸ばせない信濃や奥三河の人たちが、何かあるとこの高みにある遥拝所にきて、広大な濃尾平野を見降ろし伊勢の神に山の幸の豊かなることを祈ったのだ。

伊勢神峠のトンネルには、四十年ほど前、奇怪な幽霊話が生まれ、そこを見物に行った若者が事故を起こすという事件が相次いだ。

トンネルの中では、近くの山地で台風の犠牲になった若い女性の幽霊が現れるという。それを聞いた都会の若者たちがバイクで出かけて谷に落ちる事件が続いたのだった。

峠をはさんで足助側は濃尾平野の光をあびて明るいが、奥三河側はにわかに山が深くなって鬱蒼としている。習慣も環境も、峠を境に大きく違ってくるようだ。

SUZUKA

三重県亀山市、滋賀県甲賀市

馬子唄、仇討、山賊話の鈴鹿峠

❖問い合わせ／亀山市観光協会　電話 0595-97-8877

山賊が道の脇に二メートルほどの鏡岩を置き、それに映る旅人を選別してから襲ったと伝わる鈴鹿峠は、馬子唄《まごうた》と仇討ちの道である。

関宿のあった北伊勢の関町を出る。鈴鹿川に沿って峠に近づくと、あたりはにわかに寂しくなる。道は平安初期、早くも伊勢詣でや都への通い路として開かれていた。だが、あまりに山が深く行く手がけわしいので、天下の難所として恐れられてもいた。

峠をはさんで仇討ち話が数多く残る。最も有名なのは、荒木又右衛門の鍵屋の辻と、鈴鹿馬子唄に「坂は照る照る、鈴鹿は曇る……関の小萬《こまん》が亀山通い、月に雪駄が二十五足」と歌われた、関宿の小萬の仇討ちである。

明和三年（一七六六）、久留米藩で小さな誤解から牧藤左衛門が小野元成に殺された。そのとき、藤左衛門の妻は身重の身であったが元成を追う。鈴鹿峠を越えて関宿にたどり着き、旅籠山田屋で小萬を産んで亡くなった。

藤左衛門の妻の遺志を知った山田屋の主人は、深く同情して小萬を養育し、亀山藩へ剣術修行にも通わせた。美しい娘は、よく若者に言い寄られた。

剣術修行の行き帰り、小萬は街道筋の松にもたれ、密かに仇が通らないかと伺う日々を送る。十八歳のとき、見事に仇を見つけて討ち果たすと、以後、山田屋でお礼奉公を続けて三十八歳で死去した。場所は東の追分に近い「小萬のもたれ松」で、福蔵寺には墓も残っている。

鍛冶屋、桶屋など、関所の面影がたっぷりと残る関町から峠に向かい、鈴鹿の山懐深くに鎮まる片山神社から、鳥居横の石畳道を上る。

そこから横道へ入り山賊が愛用したという鏡岩に出る。そのあたりから登り坂は急に明るくなり、茶畑の広がる峠の一角へ入る。

鈴鹿峠の象徴の万人講の大常夜燈まで行くと「あひの土山《つちやま》、雨が降る」と歌われた土山宿はすぐそこだ。近くの田村神社は、鈴鹿峠の山賊を退治したという坂上田村麻呂を祀るもので、琵琶湖を見おろす近江への道はもう近い。

長野県上伊那郡南箕輪村

木曽山脈を越える難所、権兵衛峠

❖問い合わせ／南箕輪村観光協会　電話 0265-72-2180

大夕焼《おおゆやけ》の残照が、どこまでもうねり、権兵衛峠の落葉松林を包んで輝いていた。

薄い紅色の葉がすっかり枯れ落ちた落葉松は、繊細な網を張りめぐらせたような枝のすみずみまで残照がしみて、その上に淡い風花が舞っていた。青空ののぞく空を仰ぐと、矢のように鷹がよぎって飛ぶ。

伊那、高遠を見おろす木曽山脈の中腹、天の高台のような峠に立つと、東に赤石、仙丈、甲斐駒といった南アルプスの霊嶺群が、赤く幻のように浮かんでいた。

伊那の南箕輪村から、信濃最大の難所といわれた木曽山脈の山懐をぬって、木曽側の栃洞沢に向かう尾根と谷をつづる権兵衛街道の険路は、元禄年間（一六八八～一七〇四）、木曽神谷の住人古畑権兵衛が開いた道である。近世から明治にかけては、伊那から木曽への運搬路として、俵を積んだ馬を引く馬子《まご》たちで大いににぎわった。木曽からやってくるのは木櫛や曲げ物細工で、御嶽巡礼の鈴の音もしげく通っていたという。

そんな馬子たちの夢が生んだのか、近くには金色の鶏が変化したという鶏石《にわとりいし》がある。ときどき現れて鳴いたというその鶏の声を聞いた人は、必ず生活が豊かになった。

二十四、五キロにおよぶ権兵衛街道はけわしいが、あたりを包む渓流の魚影や四季のうつろいは優しく変化に富んでいる。螢舞う夜は幻想の世界そのものである。狐や狸に化かされたという話が多いのも楽しい。

標高一、五二二メートルの権兵衛峠は、今は白樺に囲まれた草原の広場でほとんど人影がなく、豊かな清水が音もなく湧く。

大夕焼の光が薄れて霧がわき出すと、かすかに渡る風音の中から幻の巡礼歌や馬鈴や人声が聞こえてくるような気がした。

フクロウの鳴く深い森の奥には、今も囲炉裏火《いろりび》がとろとろ燃える萱《かや》屋根の山里があると聞いた。

岐阜県大垣市、三重県いなべ市、滋賀県多賀町

幻の木地師の根拠地、三国岳峠

❖問い合わせ／大垣市上石津地域事務所　電話 0584-45-3111

芽ぶきかけた雑木林の奥から、小鳥の群れる声が聞こえてきた。夜明けの空気を柔らげるような「フィッ、ホー、フィ」というその声は、春先の梅や桃の芽をついばむウソ鳥のものであった。

関ヶ原から南へ、上石津《かみいしつ》のオゾ谷を目ざす。谷間の林道はまだ厳しい寒さの中にあり、振り返ると、伊吹の雪嶺が幻のように浮かんでいる。山深いそのあたりでは木々の芽吹きはまだ硬いが、枯れた枝々の向こうに辛夷《こぶし》の花がボンボリのように浮かぶ。

標高八一五メートル。美濃、北伊勢、近江にまたがる三国岳の頂に通じる峠道は、炭焼きが通るぐらいの細道で、時折、どこかで獣の気配がする。

厳冬には鳥も鳴かず、梢を渡る北風が雪を運んでくるという森は、深山に住んでロクロで椀や盆を作って暮らす木地師たちが、年に一度、全国から集い来る特別な場であったといわれている。

平安初期の不遇の皇子、惟喬《これたか》親王は近江国の小椋谷《おぐらだに》に隠棲してロクロの技術を習得、さらに工夫した。各地の深山を漂泊する木地師の代表が、親王の「全国の七合目以上の山の木の切り捨てを許す」という親書を携えてこの山へ集まるのは、毎年、初夏……。

突然、山頂付近に、どこから来たともしれない人々のテントが集結し、一週間から十日ほどたつと、またどこへともなく消えていったという。そこは里と隔絶して暮らす民の発散の場で、さまざまな情報交換や若者たちの婚姻などが決められていたのだろう。

三国岳は木地師の蛭谷《ひるたに》派に対する君《きみ》ヶ《が》畑《はた》派の根拠地ともいわれ、「惟喬親王御縁起集」に「貞観四年の春、三国ヶ獄に上らせ給う。峰は平坦にして池あり。水清く松桜梅の老木あり」と記されている。

三国岳に向う途中にある幾つかの峠は、そんな木地師の遠い日の伝説を秘めて、今も神秘の匂いを強く漂わせている。

愛知県春日井市、岐阜県多治見市

日本武尊の嘆いた内津峠

UTSUTSU

❖問い合わせ／多治見市観光協会　電話 0572-23-5444

潮のようにわき出し流れる春蝉の声が薄れ、麓の里から夕闇がにじみ出してくる。

尾張路と美濃路を結ぶ内津峠《うつつ》の旧道をたどっていたとき、夕べの梵鐘が響き始めた。白銀の星が光り、やがて満天に星が満ちてくる。

内津峠は、日本武尊《ヤマトタケル》の神話のふるさとでもある。武尊はこの峠で、妃となった熱田神宮の宮簀媛《ミヤズヒメ》の兄・建稲《タケイナ》種命《ダネノミコト》の死を聞く。「ああ、現哉《うつつなるかな》（現実か）」と嘆き悲しんでその霊を祀り、ここに内々神社を創建したのである。

その後、旅を続けて内津（東方）を振り返ったとき、馬の尾が西を向いたので西尾という地名をつけた。明和の名も、そのあたりで夜が明けたことによる。

日本武尊、建稲種命、宮簀媛を祀る内々神社は、中世までは篠木三十三ヶ村の総鎮守で、村ごとに湯立神楽を奉納し、尾張、美濃の農民たちが雨乞いの場にもしていた。

武尊にあやかろうとした武将も多かった。秀吉も朝鮮出兵に際して勝利を祈願し、境内の杉の大木七本を伐採して帆柱にしている。

社殿の裏の急斜面と自然石を利用して造られた庭は、南北朝時代の名僧・夢想国師作と伝えられ、「太閤記」にも記されている。庭の三大巨岩の中央の天狗岩は、神仏来臨の寄りしろとされ、昔から神霊視されてきたものである。

庭園の右手上の五基の句碑のあるすみれ塚は、芭蕉の「山路きてなにやらゆかしすみれ草」にちなんで建てられた。

神社の裏を通る旧峠路は、今も中空をホトトギスが鳴き過ぎていく自然豊かなシダの多い細道である。古木や倒木、奇岩の折り重なるその道をたどって青嵐の吹く峠の頂に立った。

はるかな谷あいに中世から陶土を焼き継いできた多治見や土岐、瑞浪の黒い窯の煙が遠望できた。その向こうに、白雲をなびかせる木曽御嶽や加賀白山も仰ぐことができた。

岐阜県揖斐郡衣斐町、福井県南条郡南越前町

幽鬼の夜叉姫伝説の夜叉壁峠

YASHAKABE

❖問い合わせ／揖斐川町観光協会　電話 0585-55-2020

美濃の長者・安八太夫《あんぱちたゆう》の娘が、干天時の雨の恵みの代償に、蛇となって男蛇と棲むという夜叉姫伝説。三周ヶ岳山頂の夜叉ヶ池への道は、美濃坂内村の川上から始まる。

川上にいたる川は、薄い霧の層が水面を這い流れるといった神秘的なものである。奇岩をぬって泡立つ流れには、娘が織りながら遡ったという布の跡が筋状に残り、それにちなんで「布引川」と名付けられた。娘が髪を洗い、結い直したという髪結岩もある。

夜叉ヶ池への山道は、渓流に沿って細く曲がりくねっている。ときには奈落となって落ち込む断崖と、天をつく絶壁にはさまれつつ、ゆるやかに高度を増していく。

夜叉姫伝説にちなんだためか、何度も蛇に出くわした。

その道がにわかに傾斜を強めていくのは、三分の二を過ぎたころからだ。最後の胸突き八丁は、登ってきた南に向かって絶壁が屹立する池の手前の夜叉壁峠である。その坂道をあえぎ上ると、地形は急に落ち込み、千古の静寂をたたえたように鎮まる夜叉ヶ池が見えてくる。

長者の娘がここに来たとき、池には正妻の白い蛇が棲んでいた。赤い蛇となった娘との間に争いが絶えなくなり、困った男蛇は猟師に頼んで正妻を撃ち殺させてしまう。

その後、男蛇と赤蛇は水の神として池の底に棲むことになった。あるとき、赤蛇の父母が訪ねて娘時代に好きだった紅や白粉、香具、身の回り品などの土産品を小さな枝に乗せて池の中央へ扇であおぎ送った。それらが中央にいたると池がにわかに波立って土産品が沈み、娘が姿を現して礼を言った。

そこで父母が「今の本当の姿が見たい」と嘆き頼むと、池に大波が立ち、どうどうとさか巻いて娘が沈み、やがて全身鱗におおわれた大蛇が長い角を振り立てて現れた。そして父母に向って深く頭をたれ、悲しそうな表情のまま波の下へ沈んだという。

神奈川県南足柄市、静岡県駿東郡小山町

富士、箱根、丹沢の展望台の足柄峠

❖問い合わせ／小山町観光協会　電話 0550-76-5000

相模《さがみ》と駿河《するが》の国境・足柄《あしがら》道の歴史は古く、大化の改新（六四五）の直後に宮道《みやじ》になった。

さらに都と東国《とうごく》を結ぶ重要な拠点となり、防人《さきもり》や菅原孝標女《すがわらたかすえのむすめ》、西行《さいぎょう》なども、この足柄峠を越えている。

手向して心許すな足柄の　関の山越え荒きその道（後拾遺和歌集《ごしゅういわかしゅう》）

だが、延暦二十一年（八〇二）、富士山の大噴火で通行不能となり、箱根路が開かれた。

やがて、このあたりを本拠に盗賊が横行するようになり、平安中期に足柄関所が置かれた。

西に富士、東に箱根、北に丹沢の秀峰を望む足柄峠かいわいは、動物を相手に体を鍛えながら育った足柄山の金時のふるさとだ。

富士高原から、馬頭観音に見守られながら足柄道を東へたどると、六地蔵が安置された草原に出る。足柄城址だ。

足柄城は、室町末期、小田原の北条氏によって築かれた。戦国期、北条配下の猛将・依田大膳がこもっていたが、豊臣秀吉が小田原を攻めたときに落城してしまった。空堀や足柄関所跡の残る城址からは、裾野を広げる富士の雄大な眺望が楽しめる。

城址の笛吹塚は、平安後期の役のとき、兄八幡太郎義家の援軍として奥州へ向かった笛の名手・新羅三郎義光《しんらさぶろうよしみつ》が、後を慕ってきた豊原時秋に笙の秘曲を伝授した記念塚である。

そのすぐ近く、地蔵堂南西の渓谷にかかる夕日の滝は、金時が産湯をつかったところだ。金時は、ここで、大江山の酒顛童子《しゅてんどうじ》を倒した源頼光と対面し、主従の契りを結んでいる。

金時山へのゆるかな林道には、夕日の滝、不動の滝、銚子ケ渕、虎御前《とらごぜん》石など、非常に見どころが多い。

林道が切れると、道は一挙に勾配を増し、金時山の頂へは梯子やロープを頼ることになる。だが、金時茶屋のある頂の眺望を目にすると、すべての苦労を忘れてしまう。茶屋は、金時娘（小宮山妙子さん）でも有名な名所だ。

愛知県北設楽郡設楽町（旧津具村）

放浪の木地師の幻浮かぶ面ノ木峠

MENNOKI

❖問い合わせ／設楽町観光協会　電話 0536-62-1000

奥三河の豊かな原生林に包まれる面ノ木《めんのき》峠は昔、近くの深山にこもる木地師たちが自作の面をかけたところである。

天狗、鬼、獅子など、腕を競って彫られた面が交互にかかり、信濃や遠州へ向かう旅人たちの目を楽しませていた。

面ノ木峠への道は、夏焼《なつやけ》温泉のある稲武から、松木立ちの中を東に向かってゆるやかに続く。

橅《ブナ》、楢《ナラ》、楓《カエデ》、樅《モミ》、栂《ツガ》などの老樹の原生林が迫る峠は標高一、二〇〇メートルの高みにあり、段戸山、茶臼山といった山々や、渓谷の眺望がすばらしい。

峠は、稲武《いなぶ》、津具《つぐ》、設楽《したら》の境界にあって信濃にも近く、南面には面ノ木牧場があり、とくに新緑、紅葉の季節には息をのむ美しさだ。峠の近くの山中には、昭和初期まで、二、三十軒寄り沿うように住んでいた木地師たちの家が復元されている。

人里から遠い深山に小屋がけして良材を求め、膳や盆、椀をロクロで作って暮らしを立てていた木地師の源流を辿ると、平安時代の元慶年間（八七七～八八五）に到る。

そのころ、都での皇位争いに破れた惟喬親王が、近江国東小椋村に隠棲し、筒井八幡宮、大皇《おおきみ》大明神を建ててロクロ技術を工夫した。

その一族が、ロクロ技術と、親王の「七合目以上なら全国どこの山の木を切ってもよい」というお墨付を持って全国へ散った。

そして深山に孤立して住み、伐木、製品造りに明け暮れる日々を送るようになった。良材がなくなると新しい山を目ざすといった放浪の生活だが、そんな木地師には美しい娘が多かった。高貴の血を引き、いつも霧の深い山中にいるので日に焼けない。里の疱瘡《ほうそう》といった病気もここまではこなかったので、肌も美しかったのだ。

面ノ木峠に立って、峰々からわき起こるヒグラシの声を聞いていると、今にも木地師の娘が姿を現すように思える。

岐阜県下呂市金山町

信仰とあやかしの火打峠

HIUCHI

❖問い合わせ／金山町観光協会　電話 080-3637-2201

昔、高天良山《たかでらやま》の原生林には、深夜になると天狗の火が灯り、大木を倒す音がしたり、何十もの狐火が山麓を往来したりしたという。

きこりが老木に斧を入れると、真紅の血があふれて飛び散り、老婆のしゃがれた悲鳴が聞こえてきたりもしたという。

この山は江戸幕府の天領時代、ご用林として一般人の入山が許されず、大木が暗く茂って、天狗や山の動物たちの自由な天地になっていた。

ある初秋の夜、村の年寄りがご来光を拝もうと、提灯を持って高天良山を上っていた。

途中、火打峠の近くに来ると、山の斜面に青い火がちらちらと燃えるのが見える。狐火であった。狐が松明《たいまつ》を振っているとか、腐った木の根をくわえて歩く、などといわれていた。

火の玉が行列になって見えるときは、その人の足元に狐がいるともいう。「火打峠」の名は、そんな話からついたのかもしれない。

高天良山の杉は京都の古寺の建造にもよく使われた名木で、木材搬出中は麓へ御堂を建て、都の僧がこもって安全祈願をしていた。

高天良山中にある都の遥拝所への登山道は、麓にある飛騨随一の名刹・万福寺から始まる。

万福寺は、神亀元年（七二四）、泰澄《たいちょう》上人が創建した寺である。山の頂に置いた奥の院には、高寺《たかでら》大権現が祀られ、明治中期ごろまで諸国からの参拝者が絶えなかった。一般人も、参道だけは自由にたどることができたのだ。

地蔵菩薩が見守るなか、麓の集落へ向かった。鬱蒼とした道をたどっていくと、やがて左に御嶽の秀麗が見えてきた。

そのころから視界が開けて明るくなり、ゆるやかな道になった。

そして、青い羽の瑠璃鶲《るりびたき》や百舌鳥《もず》、柄長《えなが》の群れが道案内でもするように姿を現す。谷底で猛る百舌鳥の声が響くなか、火打峠の秋はにわかに深まろうとしていた。

三重県松阪市飯高町、奈良県吉野郡東吉野村

吉野谷への通い路だった高見峠

TAKAMI

❖問い合わせ／松阪香肌商工会 0598-32-2321

高見山の秀峰が、鎗のように中天に突き立つ伊勢と大和の国境地帯――。ススキのなびく峠の東には伊勢の山並みが海の耀《かがよ》いを見せ、西の吉野谷には、南朝の夢の跡を残す大和の山々の稜線が延びる。

昔は、高見山も峠路も深い隈《くま》笹におおわれていた。そんな中を、紀州の殿様が参勤交代の行列で往来し、また、お伊勢参りの一行が揃いの浴衣姿で、伊勢音頭をにぎやかに響かせて通ったという。

高見山は、ゆるやかで豊かな尾根を従えて天に延びきわまる。古代国家のマッターホルンでもある。

アケビの実がはじけ、虫の音のすだく峠の近くに、神話時代、神武天皇が東征に旅立ったとき、先導役をつとめた八咫烏《やたのからす》、別名、賀茂建角身命《かもたけつぬみのみこと》が祀られていた。

昔から神意をもつと考えられた烏は、山の神としても信仰されていた。農家では正月の鍬《くわ》始め、烏に餅を投げて食べる様子で吉凶を占う神事があった。

高見山の南西には一本足の化物、一本ダタラが棲むという伯母ケ峰《おばがみね》や大台ケ原の山々が続く。

これらの山や大杉谷のかいわいは、日本の最多雨地帯で、豪雨が水道水のように吹き上げる。そのために滝が非常に多く、V字型の渓谷の美しさは黒部峡谷にも劣らない。

峠に立ち、原始の匂いを漂わせて重なりうねる山々を見ていると、放浪しながら暮らしていた狩猟民族や古代人の心がよみがえってくるような思いが兆す。

空を仰ぐと、ウロコ雲が南に向かってしだれるように広がり、高見山の稜線は、海原を行く大船のマストのように見えてきた。

野分吹く中を、アキアカネが伊勢の山並みに向かって群れをなして飛ぶ。

残月が浮かぶ西の空には、この地を彩った歴史の中の人々が今も息づいているようだ。

静岡県伊豆市、静岡県賀茂郡河津町

ロマンと湯煙と妖異伝説の天城峠

AMAGI

❖問い合わせ／伊豆市観光協会天城支部　電話 0558-85-1056

アゲハチョウ舞うブナの林の峠道で、コケシのような踊子の幻に出会った。紅葉に包まれた峠の小さな御堂の石仏の前で、愛くるしい胡蝶の舞いを見せてくれた。

そこはまだ学生であった川端康成が、淡い恋心を抱いたまま、下田へ下る踊子たちを見送った杣道《そまみち》。伊豆の谷あいに淡い煙をあげる湯宿へ到る路であった。

そんな天城峠への道をたどりながら、浄蓮の滝の伝説を思い出していた。ワサビ畑が点在する深山に落ちる、神秘の滝。

その滝の主は女郎蜘蛛《じょろうぐも》であった。昔、ひとりの木こりがこの滝にナタを落とした。すぐに、拾いに降りたが、滝壷は激流が逆巻《さかま》き、とても見つかりそうにない。途方に暮れていると滝壷の中からひとりの美しい女が現れ、落としたナタを差し出した。

「ここは禁断の魔界の入り口です。二度と近づいたり、私のことを話してはいけません」

村に帰った木こりは女の言葉を守っていたが、ある酒宴の席でほろよい気分になり、つい、女のことを話してしまった。話し終わってはっとしたが遅かった。天井に大きな女郎蜘蛛が姿を現し、木こりは見えない糸に引きずられるように外へ出たまま、二度と帰ってくることがなかった。

昼なお暗い茂みに、奈落の底から聞こえてくるように不気味に轟《とどろ》く浄蓮の滝を後に、ワサビ畑の広がる石垣沿いの道に出た。

富士の嶺を背にたどる峠路には、たえず落葉が降りかかっていた。

天城峠に続く道は、また、かつてハリスや唐人お吉、重罪人となった吉田松蔭が、唐丸籠で通った道でもある。

その道をおおう深い森は、頼朝が狩場にして猪を追い、挙兵のための兵《つわもの》どもを養った場所でもあり、トンビ舞う峠の頂では、富士に源氏の再興を祈ったのであった。

晩秋の風通う穏やかな峠路を、四季折々の神たちが見守っているようだ。

岐阜県高山市（旧上宝村）、長野県松本市（旧安曇村）

魔界がうねる霧氷の安房峠

❖問い合わせ／奥飛騨温泉郷観光協会　電話 0578-89-2614

北斗七星の消えた夜明けの空に、霧氷が山膚を埋めてきらめいていた。

朝陽がさすと、全山が金色のオーロラに包まれたように輝きわたり、間近な天に、中部山岳の雄峰群が、鋭い牙城となってせり上がってきた。

信濃と飛騨を結ぶ、けわしい山岳に大蛇のようにうねり続く安房の峠路には、峨々《がが》たる峰や千尋《せんじん》の渓谷、太古から妖異のものが棲みつくという深くけわしい森がつらなっている。

峠付近は、春には緑、秋は紅葉が火炎のように燃えたつ、まさに妖しいまでの美の世界であった。

この道は南に御嶽、北に焼岳、穂高、乗鞍岳、北西に白山といった重々たる山岳群に囲まれ、戦国時代、甲斐の武田にとっては飛騨、越後への侵攻路、越後の上杉には信濃攻略のための重要街道。二つの大勢力にはさまれた飛騨の小豪族たちは、両軍の顔色をうかがいながら右往左往し、生きのびる道をさぐったのである。

付近の山岳地帯は、金、銀の宝庫としても注目されて試掘されたため、標高一、八一二メートルの安房峠は、銀山峠とも呼ばれた。

初冬、安房峠に立って夕陽を拝んだ。

初めは沈む太陽が嶺の雪に映えて輝き、紫色から灰色へとゆっくり変わっていく。

そして最後に、深藍《ふかあい》になって沈んでいった。いつまでも心に残る荘厳の一語に尽きる光景であった。

そんな光景を飛騨地方では、美のきわみ、神を見たという意味を持つ「おわたり」という言葉で表わしてきた。

また地元の農民は、田の神が一日の農作業に見切りをつける、境いの時間であるとも考えた。

いで湯の里・平湯《ひらゆ》の露天風呂につかって峠を見上げると、今も神の雲わく森の頂、という思いが強くなってきた。雪煙《ゆきけむり》舞う妖美の舞台を思わせる峠でもある。

神奈川県足柄下郡箱根町、静岡県田方郡函南町

鎌倉、江戸幕府を支えた箱根峠

HAKONE

❖問い合わせ／箱根町総合観光案内所　電話 0460-85-5700

その昔から「天下の嶮《けん》」と歌われた箱根路について、阿仏尼《あぶつに》が鎌倉幕府へ向かうときのことを、「十六夜《いざよい》日記」にこう書いている。

「あしから山は道遠しとて、箱根にかかるなり。湯坂とぞいふ」

箱根は、初めは湯坂と呼ばれていたのだ。正面に、芦ノ湖に影を落とす中央火口丘の雄大な山嶺を仰ぎ、西に薄雲をなびかせる伊豆の山々を望む箱根峠。立っていると、なぜか大和時代、このあたりの山路を踏み分けて東征に出かけた日本武尊《ヤマトタケル》の高ぶる心が思われてきた。

山容のきびしい箱根に、正式に東国と西国を結ぶ道が聞かれたのは平安中期で、それまでは足柄山路が選ばれていた。

ところが、延暦二十一年（八〇二）、富士山の大爆発で道がふさがれ、湯坂道が聞かれた。足柄路もすぐに復旧したが、源頼朝が鎌倉に幕府を開くと、湯坂道が公道に指定され、発展することになった。箱根峠を中心にした眺望のよさと渓谷に湧く温泉が愛されたのであろう。

やがて、箱根峠には幕府の重要拠点として関所が設けられた。

江戸時代になると「入鉄砲《いりてっぽう》に出女《でおんな》」の言葉が象徴するように、幕府への最後の関門として、ひときわ取り締まりがきびしくなった。

箱根峠は、北に芦ノ湖、南に屏風山《びょうぶやま》を配する江戸への天然の要塞の地でもあった。寂しく、暗く、孤立感の濃い他の多くの峠とは対象的に、この峠は明るく、多くの人に親しまれてきた。だが、この峠には、悲話も多く残っている。

江戸中期、持病の脚気に苦しみながら、家出した道楽者の息子を捜して旅している老人がいた。箱根峠でその老人を乗せた駕籠かきが、ふくらんでいる懐の金目のものに目をつけ、谷へ連れ込んで殺した。ところが、奪った財布を見て驚いた。見覚えのある父親のものだったのである。実の父を殺したのだ。驚いた駕籠かきは、自分も崖から身を投げて父の後を追った。それを哀れんだ里人が供養のために刻んだのが、今も峠に残る脚気地蔵である。

多くの民が通った箱根峠には、日本のさまざまな歴史が堆積している。

群馬県安中市東上秋間、高崎市上里見

江戸幕府の埋蔵金伝説が残る風戸峠

KAZATO

❖問い合わせ／高崎観光協会　電話 027-330-5333

その昔、熊や狼が出没したという風戸峠《かざと》は、秋間丘陵の深い松林の中にあった。今も安中市と榛名町（現高崎市倉渕町）の境界に、険しい峠として残るが、小栗上野介忠順《おぐりこうずけのすけただまさ》のふるさと、権田村（現高崎市倉渕町）に近い風の強い峠である。

忠順は、幕末の江戸開城を前にして、「謎の徳川埋蔵金」の責任者となった人物。徳川幕府最後の将軍慶喜《よしのぶ》が大政を奉還した慶応三年（一八六七）、勘定奉行の役を解かれ、江戸、駿河台の屋敷を捨てて利根川をさか上り、武蔵国大宮から権田村へ向かった。

途中の赤城山や榛名神社、猿ヶ京等へ江戸城の莫大な財貨を埋蔵しながら進んだといわれる。

江戸湾へ流れ込む利根川は、新潟、群馬県境の丹後山に源を発する大河で、本流は前橋、支流は高崎、足利までさか上る。この川の舟運で、さまざまな産物が江戸との間を行き来したため、大きな荷物を運んでも目立たなかった。

そこで忠順は、江戸城の財宝を多くの家財道具の中へ紛れ込ませて運んだというのだ。別送した荷物の引取先である高崎の倉賀野《くらがの》も、やはり産物の集散地で倉が建ち並び、ここにも多くの荷物を預けている。

忠順は権田村へ向かう途中、回り道をして風戸峠を通った。残り少なくなった財宝を、郷里に近い場所に隠したかったのであろうか。

母、妻、姉などとともに、関東平野から浅間山、富士の峰まで望むことのできる権田村へ落ち着いた忠順は、新日本を担う青年を育てる道場を開く準備にかかる。だが、一カ月もたたないうちに進撃してきた官軍によって処刑された。

その後、忠順が居を構えた権田村や、池尻から長戸へ続く風戸峠には、「千両箱が埋まっている」という噂が根強く言い伝わる。

近くには、思わぬ埋蔵金を得て私利のために使って没落し、屋敷を売り払ってどこへともなく消えていったという人もいた。「忠順様の霊に罰を加えられた」というのだ。

埋蔵金伝説が根強く残る風戸峠は、今も強い風の通り道である。

長野県小県郡青木村、東筑摩郡筑北村

結氷花さく大石仏群の修那羅峠

❖問い合わせ／青木村観光協会　電話 0268-49-0111

隈《くま》笹の雪原。石仏群の頭上に氷の花が咲いていた。落葉松の森の枝々にも、結氷花が夜明けの光に包まれて銀色に輝く。この花は、雪と空中の水分が風に乗って枝に結氷したものである。そんな光の中に立っていると、幻想の世界へ迷い込んだような思いになった。

そこは、中信濃の修那羅《しょなら》峠の安宮《やすみや》神社裏——。まだ雪の深い森には、さまざまな石仏や石碑、石の祠がびっしりと並んでいた。江戸時代、加持祈祷のために越後からやって来た修験者の修《しょ》那羅《なら》大天武《だいてんぶ》へのお礼に、近在の人々が手づくりで納めたものである。

双体道祖神、千手観音、馬頭観音、薬師如来、閻魔大王、不動明王、子育地蔵、猿田彦などが、半ば雪に埋もれて並んでいた。犬や猫まであるのだが、それら彫り物自体は稚拙なものが多く、それがかえって庶民のぬくもりを感じさせてくれる。中には獄門首らしいものもあり、ひとの心の奥にひそむ不気味なものへの関心もうかがえる。

修那羅峠は聖《ひじり》高原から一、二三三メートルの子檀嶺《こまゆみ》岳に向かう途中にある。

修那羅峠のある麻績《おみ》村の名の意味は「麻を績《う》む」、つまり糸をつむぐという意味だ。昔、大陸人が渡来して、善光寺の創建にも深くかかわったらしい。善光寺の十四の坊が若麻績を名乗っている。JRの「聖」の駅名も、昭和五十一年まで「麻績」であった。

峠に続く冬の山道は昼になってもほとんど踏み跡がない。時折、狸や兎らしい動物の足跡がよぎっている。

結氷花の咲く落葉松の森をたどって子檀嶺の頂に立つ。正面に夫神《おがみ》岳、十観《じゅっかん》山《さん》が対向するようにそびえている。子檀嶺の名は「駒斎《こまい》み」で、麓に開けていた牧場の守護神という意味である。子檀嶺の奥社にあたる頂には、三つの祠があった。

結氷花の咲く森から頂への道は微かな風に乗って、たえず細かい雪が降っていた。その向こうには、北アルプスの銀嶺が朝陽に染まって輝く。

岐阜県不破郡関ケ原町

IMASU

東西の要衝、寝物語の里の今須峠

❖問い合わせ／関ケ原観光協会　電話 0584-43-1600

今須《います》峠には鬼が出る。近くの寺の境内、夜更けて現れた赤鬼、青鬼が、里の老婆を引き出してさんざん痛めつけ、火あぶりにして食ってしまう。翌夜になると老婆はよみがえり、また同じ目にあう。

関ケ原の西、峠に隣り合う妙応寺（曹洞宗）に伝わる話である。南北朝時代、大徹宗令《だいてつそうれい》禅師という旅の僧が、今須の里に毎夜、妖しいものが出るという噂を聞いた。古堂にこもって待つと、深夜を過ぎてこんな情景が展開したのだという。

禅師がその原因を調べると、今須の守護・長江重景《ながえしげかげ》の母である妙応が浮かんでくる。権力をかさにきた彼女は、年貢を大マスで取りたて、賃金を小マスで払って領民を苦しめていた。死後、その報いがわが身に返って地獄へ落ちたのである。重景は、禅師の「母を成仏させるためには、寺を建てて仏に帰依し、仏法を守って慈悲を施せ」という教えに従い、至徳二年（一三八五）に妙応寺を建て、これで母は成仏していった。

京の都の外垣にあたる伊吹山麓では、天下分け目の戦さが二度もあった。有名な関ケ原の戦いと、もう一つは壬申《じんしん》の乱。その乱の後、天武天皇は畿内と東国をつなぐ重要拠点として不破関《ふわのせき》を置いた。交通取り締まりを目的とした江戸時代の関所と違い、関によって対立する大友皇子《おおとものおうじ》の近江国を押え込んだのだ。

また東国と京の都を行き来していた源頼朝は、今須の近くの豪族の娘とむつまじくなり、夜叉御前をもうけた。平治元年（一一五九）には、平治の乱に破れた義朝が、長男義平、次男朝長、三男頼朝とわずかな伴《とも》連れで逃れてきたが、恩賞ほしさのこの地の里人に襲われている。

常磐御前が、義朝との間に生まれた三人の子・今若、乙若、牛若を連れて東国へ逃れる夫を追い、途中、捕らえられたのもこの地だ。

東西の拠点・今須峠かいわいは、天下が大きく動くとき、常に重要な舞台として登場してきた。

美濃と近江にまたがる今須地域は、隣国同士の人が、寝物語をすることもできることから、「寝物語の里」という優雅な名でも呼ばれている。

岐阜県高山市江名子町、久々野町大西

白樺の佳人伝説が生きる美女峠

BIJO

❖問い合わせ／飛騨あさひ観光協会　電話 0577-55-3777

白樺と落葉松の林が続く標高一、〇〇〇メートルの秋神《あきがみ》の里は、西に木曽御嶽、北に乗鞍岳を望む清涼の地で、里の真ん中を霊峰の雪溶け水を集める秋神川が流れている。

霊峰に山の湯のわく御嶽一合目、この里は昔ながらの動物天国で、はずれの白梅村の奥には「狸の団地」と呼ばれる小山があった。いつのころからか多くの狸が棲みつき、斜面のいたるところに穴があいている。

ある人が狸をいぶり出そうと一つの穴に煙を入れたところ、山の斜面のあちこちから煙が吹き出すが、狸は一匹も出てこない。地中でつながった穴を通って逃げたのだ。その小山には、何百匹の狸が棲みついているかわからない。

秋神の西のはずれの高山と久々野《くぐの》の分岐点には、美しい比丘尼《びくに》が住んでいた。また白樺の精や狸は、美女に化けて峠を越える旅人をまどわした。蛇が美女になって現れたという伝説も、この美女峠に残る。それらの真相は、女工として尾張や信州を目ざした娘たちを見送った、土地の若者たちの胸中を察したものではなかろうか。

峠にある美女高原は、水芭蕉《みずばしょう》の咲く湿地帯や、新緑、紅葉の美しい白樺林に囲まれている。付近には、飛騨の苛酷な歴史を伝える記録も残る。

文政八年（一八二五）八月、土用以来気温低下、乗鞍岳に降雪。春以来雨がちで凶作、収穫皆無の村も。その上、洪水の被害多く、諸国に及び、前代未聞。

天保八年（一八三七）、早春より国内の食料欠乏、飢えたる者達あふれ、疫病流行。餓死、病死相つぎ、野山に死体横たわり、惨状目をおおわしむ。

田畑の少ない山地の秋神かいわいでは、戦前まで主食は稗《ヒエ》に野山の山菜を添えるのが普通で、「朝は朝星、夜は夜星」をいただいて働いた。楽しみは、高山にかかる芝居を美女峠を越えて見に行くくらいであった。

周辺の経済を支えたのは、わらび粉《こ》づくり。山で掘った蕨《ワラビ》の根を水車でつき、提灯や傘、仏具や西陣織りに使うノリを作った。蕨は成長が盛んでみるみるうちに根を張る。村人は夜明けから山へ出て採取し、夜中まで働いたのである。

奈良県奈良市誓多林町

柳生の里につながる地獄谷の道、石切峠

❖問い合わせ／奈良市観光センター　電話 0742-22-3900

天をおおう千古の年輪の吉野杉から日の光がもれ、深い渓谷沿いに続く石畳の道に斑模様《まだらもよう》を作って揺れていた。太い蔦葛《ツタカズラ》が崖の下から這い上がり、杉の梢で若葉をいっぱいに広げている。深い茂みにおおわれた谷底からは、瀬音がかすかに響いてくるだけだ。

茂みがあまり深いので、青葉の香満ちる柳生《やぎゅう》街道は薄暮のようである。時折どこかで飛び立つ鳥の羽音《はおと》が驚くほど大きく響く。耳を澄ますと、小鳥や虫の澄んだ声も聞こえてくるのだが、すごみを帯びた街道の雰囲気にのまれ、しばらくはその声に気づかなかった。

新薬師寺から柳生街道へ入ると、急に山深い妖気の漂う世界になる。その道は徳川将軍家の兵法指南役・柳生新陰《しんかげ》流の本拠地、柳生の里への本街道であった。江戸期を中心に、全国の兵法者がこの道を歩き「剣禅一如《けんぜんいちにょ》」の剣技を学んだ。

急に勾配がけわしくなるその街道の脇の自然石には、夕日観音、四方仏、妙見菩薩、観音菩薩、薬師如来といった彫り物が、すっかり風化しながらも残っている。武者修行の武士の姿が絶えなかった街道の山も、昔は地獄谷と呼ばれる恐ろしい場所であった。

奈良時代、この山は京の化野《あだしの》や鳥辺野《とりべの》と同じように、庶民の死体捨て場であった。この世に疲れ、幸少ない人生を終えた死体が、鳥や野獣に食い荒らされるままに放置されていたのだ。地獄谷に残る石仏群は、それらを弔う仏たちであった。

大和高原の山峡にひっそりと静まる柳生の里までは、奈良の中心から十六キロある。茶屋のある石切峠は奈良から石畳の道を上り詰めた所だ。旅人も泊めていたであろう茶屋かいわいには、柳生に向かう浪人が、無銭飲食のかたに置いていったという槍がかけられていた。

茶屋を過ぎて誓多林《せたりん》の集落を過ぎると、にわかに茶畑が広がり、まばゆいばかりの光景が開ける。

柳生はもともと春日大社の社領で、柳生家は神人《じにん》であった。今も、静寂の中に、家老屋敷、正木坂道場などがひっそりと残っている。

長野県木曽郡木曽町開田高原末川、新開

JIZOU

魔の侵入を防ぐ御嶽山の里の地蔵峠

❖問い合わせ／木曽おんたけ観光局　電話 0264-25-6000

白樺の梢の蒼天に、鷹《タカ》が翼を広げて滑空するような姿の木曽御嶽が、渋茶色に輝いていた。その左肩から白い煙りが一筋、淡くたち上っていた。星屑が落とした涙が昇天していくように見えた。

木曽福島から針葉樹林の山が重なる九十九折《つづらおり》の道を上っていくと、突然、視界が開け、正面に御嶽山の雄姿が圧倒的な迫力で姿を現す。昔、里に魔が入らぬように祈って地蔵菩薩を祀ったという地蔵峠である。ついこの間までは、雉《キジ》や山鳥、兎、穴熊などが歩き回る素朴な土地であった。ところどころに石置き屋根の家が点在し、人と木曽《きそ》馬《うま》が家族のように暮らしていた。

継子岳《ままこだけ》、摩利支天山《まりしてんやま》、剣ケ峰《けんがみね》の連なる稜線の麓には、昔ながらの開田《かいだ》の里が息づいていた。

地蔵峠から、角塚里《かくつかり》、把之沢《たばのさわ》、柳又《やなぎまた》と続く開田の里の最も奥は、月見草の花が美しい冷川《つめたがわ》の流れる西野。その南のはずれに修験者の覚明《かくめい》が御嶽道を開くために構えた堂跡がある。この堂で覚明は里人の悩みを聞いたり病気の治療にあたった。御嶽山へ登るには、山麓で百日間、精進潔斎をしなければならなかった。そんな道筋を打破して登山できる道を開こうとしたので、覚明は役人に「神の山を汚すのか」とののしられ、追放されていた。

だが天明五年（一七八五）、里人の応援を得て、ついに三、〇六七メートルの御嶽山の頂上に立った。その後、御嶽講が組織され、全国に信者が増えていく。これによって覚明は御嶽講の霊神にされた。御岳山の登山道に多い「〇〇霊神」と刻まれた石碑は、そんな覚明をたたえたものである。覚明堂跡の周囲には、覚明を記念する石の地蔵が多く並んでいる。

人間と同じ屋根の下で暮らしていた木曽馬は、雄はボー、雌はピーと呼ばれていた。木曽馬は、体は小さいが我慢強い。性格がおとなしく皮膚が丈夫で毒虫を寄せつけない。寒暑にたえて粗食でも力が強かった。家族同様に暮らしていたので、売られていく馬市の日は、別れの辛さで、必ず涙の雨が降ったという。

地蔵峠は、そんな仙境へ入る不浄の門であった。

滋賀県東近江市黄和田町、三重県三重郡菰野町

木地師の幻の里を見降す八風峠

❖問い合わせ／東近江市観光協会　電話 0748-29-3920

小さな鳥居と八風大明神の石碑が立つ八風《はっぷう》峠周辺は、背丈をしのぐ隈笹におおわれ、乾いた風音だけが騒ぐ荒涼たる世界であった。

八風峠の名は、八方から風が吹きわたることからついた。峠に立つと眺望も八方に開け、南の山陵の向こうには鈴鹿の名山、釈迦岳《しゃかがだけ》がそびえていた。細い道を八方谷に向かうと、薮のトンネルへ入る。風の中、視界がまったく閉ざされたような場所にも、歴史が動いた時代があった。

鎌倉初期、壇ノ浦に亡んだ平家の残党が鈴鹿の山に砦を築き、隠れひそんだ。戦国時代になると伊賀、甲賀の忍者や、仕官先を捜す武者修行《むしゃしゅぎょう》の浪人が、情報を求めて訪れ、たむろした。

近世には近江商人や全国に散った木地師たちが、本拠・君ヶ畑へと通ったので、関東と京畿を結ぶ間道《かんどう》になった。そして近代を迎え、四日市に紡績工場ができると糸引き娘の通い路となり、八風峠は「近江の野麦峠」と呼ばれるようになった。

八風峠から薮の中を八風谷に向かうと、やがて、木地師たちがふるさとと慕う君ヶ畑、蛭谷へ出る。君ヶ畑と蛭谷は鈴鹿山系の秘境で、標高七〇〇メートルの谷間《たにあい》に、小さな家が点在している。

君ヶ畑の中心に、貞観元年（八五九）、皇位争いに破れた文徳天皇の皇子の惟喬親王《これたかしんのう》が隠棲したという金龍寺《こんりゅうじ》がある。

親王は高松御所とも呼ばれ、この寺にこもってロクロを考案し、里人にその技術を教えて木地師として全国の山へ旅立たせた。木地師は、良材を求めて山から山へと放浪し、椀や盆を作って生活の糧《かて》にした。

木地師は全国へ散ったが、どこにいても君ヶ畑の金龍寺や蛭谷の筒井神社を祖の地として慕った。旅の空に暮らす彼らが最も大切にしたのは、この地の「お札」であった。

親王はここに十九年住んで死去し、金龍寺に祀られた。寺は君ヶ畑集落の小高い丘にあり、皇子の隠棲地としては寂しいものであった。寺の後ろには親王を葬った小高い塚が残る。

京都府京都市左京区一乗寺谷田町

霊峰比叡と都の通路、雲母坂峠

KIRARAZAKA

❖問い合わせ／京都総合観光案内所　電話 075-343-0548

京の都と霊峰比叡への通い路は、修学院離宮から雲母坂《きららざか》を登り、最高峰の四明岳、大比叡をへて根本中堂にいたる山道である。京の白川通から音羽川に沿って東にまわると、正面に比叡山が迫る。

比叡山は王城諸山の中でも最も高く、常に雲がたなびいている。都からは雲が生まれるように見え、この美しい響きをもつ雲母坂の名がついたといわれる。登り口の近くに不動明王を祀った雲母寺があったことから「不動坂」ともいわれる。

また、朝廷からの勅使も登ったので、「勅使坂」「表坂」とも呼ばれた。山法師が日吉神社の神輿をかついで都へ強訴にくり出したのもこの道であった。

「高い木に登って眺めると、赤山のあたりに、たくさんの火影が明滅しているのが見える。今宵も、神輿振りがあるらしい」とは、「祇園執行日記」に残る一節である。都落ちしていた足利尊氏が勢力を盛り返し、比叡山へ逃亡した後醍醐天皇と戦ったのも雲母坂の峠付近であった。

都の眺望がすばらしい四明岳には、寺と俗界を区分する総門があった。女人は、そこから中へ足を踏み入れることができなかった。

近くにある「将門岩」は、平将門がそこに立って王城を見降ろし、朝廷への叛意を抱いたという故事をもつ。

そこから大比叡へ向かうと、琵琶湖が見えてくる。その眺望を楽しみながら、智証大師廟、阿弥陀堂、戒壇院へとたどり、大講堂、根本中堂に出る。根本中堂の内陣の薄闇に浮かぶ開山以来の灯明は、信長の比叡山焼討ちのときも消えなかったというもので、いつ尋ねても心にしみる奥深い色をたたえている。

表参道の雲母坂に対して、琵琶湖側から登る車坂は、本坂とも言われ、主として北陸方面の荘園から、農海産物や生活用具を運び上げるのに使われた。

大原の里からも、山坂のきびしい白川道が通う。

そんな中でも、永遠の仏の光を灯すにふさわしい延暦寺を最も象徴しているのが、ゆかしい光沢を秘める雲母坂の峠道である。

和歌山県田辺市龍神村

雲と霧と化性の里への龍神峠

❖問い合わせ／龍神観光協会　電話 0739-78-2222

雲と霧の里・龍神村は、紀州の最も深い山の中にある。昔から、化性《けしょう》の者が棲むといわれたこの里への道は、高野山《こうやさん》入口の大門から始まる。

目ざす紀州と大和の国境・最高峰護摩壇山《ごまだんざん》には、屋島の戦いで敗れた平維盛《これもり》主従《しゅうじゅう》の伝説があった。主従は那智《なち》の沖で鎧を捨てて自害したと見せ、この山の頂にきて護摩《ごま》を焚き、行く末を占った。その後、龍神の湯の里を六キロほど遡《さかのぼ》った小森谷渓谷に隠れ住む。このかいわいは、わが国屈指の多雨地域である大台ヶ原に近い。里の歴史は洪水の歴史といわれるほどだ。

国境の村を過ぎ、笹ノ茶屋峠から小森谷渓谷への道をたどる。途中、維盛の死後、愛妾《あいしょう》のお万が白粉《おしろい》と紅を投げ込んで身を投じた白壷、赤壷の滝とお万ヶ淵がある。今も赤壷の岩は赤く、白壷の岩は白く、お万の哀しみを伝えている。白い龍がくねり上る姿に見える衛門嘉門の滝は、平家再興の望みを絶たれた維盛の忠臣、衛門と嘉門が身を投げた所だ。

高野詣の信者や都の貴族の湯治場として使われた龍神の湯を間近に見ながら、隠れ暮らしていた維盛主従の哀れな心中を思う。

護摩壇山は龍神の里の北にある紀州最高の弧峰で、頂に立つと天地によるべがなくなった維盛主従の寂しさが、また改めて思われてくる。

霊峰高野と峰を接する龍神の湯は、役の行者が発見し、弘法大師が難陀《なんだ》龍王の夢告げで開いた。高野山へ詣でた紀州初代藩主の徳川頼宣《とくがわよりのぶ》が入湯して気に入り、お抱《かか》え湯治場にして別荘の上御殿、下御殿を建てた。

大和《やまと》の十津川《とつかわ》にも近いここは、幕末、捕らわれた勤王の志士を幽閉した「天誅倉《てんちゅうぐら》」があったところでもある。今もこの倉は、「皇国のためにぞつくすまごころは神が知るらん」の血書の跡を残して建っている。

三十三体の観音像を秘蔵する妙心寺派の龍蔵寺は、源実朝《みなもとのさねとも》追善の寺を移したもので、足利幕府に追われた長慶天皇も隠れ住んでいた。

紀州から龍神峠をたどって入る龍神の湯は、今も化性の者の棲むにふさわしい神秘をたたえた里である。

静岡県浜松市北区三ヶ日町本坂

女性巡礼者が好んだ姫街道、本坂峠

❖問い合わせ／三ヶ日町観光協会　電話 053-524-1124

遠淡海《とおつおうみ》と呼ばれた浜名湖の南を通る東海道に対し、北の山間をぬって続く脇街道の姫街道は、万葉集にも歌われた女性巡礼者の古道である。姫街道の名の由来は東海道の新居関《あらいのせき》の通行が「入《いり》鉄砲に出女《でおんな》」といわれて厳しかったので、女性の通行人の多くがこちらに回った。あるいは、三河の古語「ヒネ街道」（古い道）が姫に変化したとする説もある。

　姫街道は自然豊かで、見え隠れする浜名湖の展望もよく、旅情をかきたてられる。自由な行動が許された姫君が、権威を伴う公的な大名行列より、少人数で行き来できる姫街道の旅を好んだのもうなずける。

　森におおわれ、昼なお暗かったこの峠は、都から東国へ向かう都人《みやこびと》は、好奇心とともに心細さに襲われ、九州へ行く防人は、再びここを通って帰れるかと、残す家族を思いながら通った道だ。

　そんな姫街道の分岐点となる本坂峠は、西から向かうとまるで山登りのように苦しい。だが、百五十メートル続く椿のトンネルを抜けさえすれば、峠の向こうはもう気候温暖な遠江《とおとうみ》、にわかに心が和んでくる。

　峠越えの道の脇には石仏や祠が多い。豊川稲荷や秋葉神社、鳳来寺や長楽寺への信仰の道と交差し、神社、仏閣詣の人が多く通る信仰の道でもあったからだ。道は曲がりくねって続いているが、巡礼者には修行の道に見えた。石仏や祠は近くの住人がそんな人たちに自分の祈りを託したり、行き倒れた人の供養塔でもあった。

　姫街道には、琵琶湖北岸と同じように大きな寺が多い。琵琶湖の寺は比良、比叡山の麓で気候がきびしかったため、身を仏に守ってもらおうとして建てられた。それに対して気候に恵まれたこちらの寺は、現世利益を願ったものが多かったといわれる。

　姫街道の摩訶耶寺《まかやじ》、龍潭寺《りょうたんじ》、長楽寺には、小堀遠州《こぼりえんしゅう》の造った名園がある。ことに、長楽寺のドウダンツツジの庭が目を引く。

岐阜県高山市高根町野麦、長野県松本市奈川

女工哀史の昔が生々しい野麦峠

❖問い合わせ／飛騨高根協会　電話 0577-59-3131

雲海の広がる満月の夜になると、波打つ笹原に何百ともしれない蛇が現れる。蛇は山姫様の吹く笛に合わせ、鎌首をゆらめかせて踊るという。そんな伝説が残るのは飛騨、信濃の国を分ける野麦峠である。

野麦峠の歴史は、天正十三年（一五八五）、飛騨統一をした金森長近《かなもりながちか》が軍用道路として開いたことに始まった。元禄五年（一六九二）、飛騨は天領となって江戸との連絡が多くなり、峠を越える道の重要さが見直された。そして明治を迎えると、信濃の製糸工場へ働きに出る飛騨娘たちの、哀史の舞台となっていった。

野麦とは、春に指先ほどの筍《たけのこ》を出し、秋に小さな実をつける隈笹である。明治から大正にかけての飛騨はことに貧しく、古書に「古来、稲は一粒も実らず、男は荷駄賃で妻子を養う。あるいは他国の山へ入り、樵《きこり》、杣《そま》、木挽《こびき》、荷物を背負い、老親を養育、稚児を撫育《ぶいく》す」とある。

信濃から野麦峠への道は、標高一、〇〇〇メートルの奈川村（現松本市）から始まる。細い樹林の山道をうねうねと登り詰めると、隈笹におおわれた一、六七二メートルの峠の頂に出る。峠の斜面には、昔のままの石置き屋根や囲炉裏を残すお助け小屋が再現され、女工哀史の模型もあった。

大正から昭和にかけて、この峠を越え、多くの飛騨の娘が信州の紡績工場へ働きに出かけ、過酷な環境に耐えて労働に従事したのだ。

信州へ出かけた飛騨娘の女工・政井みねが病気になり、兄に背負われて帰って来て、「ああ、飛騨が見える」とつぶやいて息を引きとったのも峠である。

峠の原っぱの向こうには、乗鞍岳が天をついてそびえている。見おろす飛騨側の谷底には、みねの育った貧しい集落がある。

みねが、石置き屋根の並ぶ谷間の山里に見ていたのは、貧しくても懐かしい人たちの寄り集う囲炉裏や、飛騨味噌の焦げる匂いであった。

野麦峠に立つと、今もそんな情景が生々しく浮かんできて侘びしさが募る。

川田きし江（かわた・きしえ）

愛知県名古屋市生まれ。愛知学芸大学（現・愛知教育大学）卒業。日本文芸家クラブ会員。㈲キリツボ企画代表。画家。油彩、日本画、水彩水墨を描き個展にて発表。メールマガジン「地球スケッチ紀行」「日本歴史散策」（月2回発信）。手作り絵本『夜叉姫物語』は世界で出会った人に翻訳を依頼し、その数は38カ国語に及ぶ。2007年～2009年、アゼルバイジャンにサクラの苗木（130本）を寄贈している。その他作品に、手作り絵本『バナナーン王国の大事件』、紙芝居「夜叉姫物語」「瀬戸銀座物語」「招き猫と泥棒」などがある。2008年には『地球スケッチ紀行　ウ・セオ、セオ』（風媒社）を出版。続編『地球スケッチ紀行②』を2017年、同③を2018年に刊行した。

住所：〒470-0114 愛知県日進市南ヶ丘1-27-2
メールアドレス：kiritubo_01@ybb.ne.jp

絵と文でつづる全国旅案内

日本歴史散策

令和元年十二月十日　第一刷発行

著者　川田きし江

発行所　株式会社人間社　www.ningensha.com
名古屋市千種区今池一-六-一三　〒四六四-〇八五〇
電話 〇五二（七三一）二一二一　FAX 〇五二（七三一）二一二二
郵便振替〇〇八二〇-四-一五五四五

制作　有限会社樹林舎
名古屋市天白区井口一-一五〇四-一〇二　〒四六八-〇〇五二
電話 〇五二（八〇一）三一四四　FAX 〇五二（八〇一）三一四八

印刷所　株式会社シナノパブリッシングプレス

ISBN978-4-908627-50-7 C0026
定価は裏表紙に表示してあります。
＊乱丁本、落丁本は送料小社負担でお取り替えいたします。